Rudolf Steiner Taschenbücher
aus dem Gesamtwerk

RUDOLF STEINER

Wahrheit und Wissenschaft

Vorspiel einer «Philosophie der Freiheit»

RUDOLF STEINER VERLAG

Herausgegeben von der Rudolf Steiner Nachlassverwaltung

Ungekürzte Auflage nach dem gleichnamigen Band der
Rudolf Steiner Gesamtausgabe, Bibliografie-Nr. 3,
6. Auflage, Dornach 2012

Für die 6. Auflage nach der 1. Ausgabe von 1892 neu durchgesehen
und herausgegeben von Urs Dietler unter Mitarbeit von Christine Baur

Bibliografischer Nachweis bisheriger Ausgaben siehe Seite 123

Taschenbuchausgabe
5. Auflage 2023

Umschlaggestaltung: Finken & Bumiller, Stuttgart
Printed in Slovenia by Florjančič tisk, Maribor
ISBN 978-3-7274-6281-8

www.steinerverlag.com

INHALT

ANHANG

DR. EDUARD VON HARTMANN

in warmer Verehrung zugeeignet von dem Verfasser

VORREDE

Die Philosophie der Gegenwart leidet an einem ungesunden Kant-Glauben. Die vorliegende Schrift soll ein Beitrag zu seiner Überwindung sein. Frevelhaft wäre es, die unsterblichen Verdienste dieses Mannes um die Entwickelung der deutschen Wissenschaft herabwürdigen zu wollen. Aber wir müssen endlich einsehen, daß wir nur dann den Grund zu einer wahrhaft befriedigenden Welt- und Lebensanschauung legen können, wenn wir uns in entschiedenen Gegensatz zu diesem Geiste stellen. Was hat Kant geleistet? Er hat gezeigt, daß der jenseits unserer Sinnen- und Vernunftwelt liegende Urgrund der Dinge, den seine Vorgänger mit Hilfe falsch verstandener Begriffsschablonen suchten, für unser Erkenntnisvermögen unzugänglich ist. Daraus hat er gefolgert, daß unser wissenschaftliches Bestreben sich innerhalb des erfahrungsmäßig Erreichbaren halten müsse und an die Erkenntnis des übersinnlichen Urgrundes, des «Dinges an sich», nicht herankommen könne. Wie aber: wenn dieses «Ding an sich» samt dem jenseitigen Urgrund der Dinge nur ein Phantom wäre! Leicht ist einzusehen, daß sich die Sache so verhält. Nach dem tiefsten Wesen der Dinge, nach den Urprinzipien derselben zu forschen, ist ein von der Menschennatur untrennbarer Trieb. Er liegt allem wissenschaftlichen Treiben zugrunde.

Nicht die geringste Veranlassung aber ist, diesen Urgrund *außerhalb* der uns gegebenen sinnlichen und geistigen Welt zu suchen, solange nicht ein allseitiges Durchforschen dieser Welt ergibt, daß sich *innerhalb* derselben Elemente finden, die deutlich auf einen Einfluß von außen hinweisen.

Unsere Schrift sucht nun den Beweis zu führen, daß für unser Denken alles erreichbar ist, was zur Erklärung und Ergründung der Welt herbeigezogen werden muß. Die Annahme von außerhalb unserer Welt liegenden Prinzipien derselben zeigt sich als das Vorurteil einer abgestorbenen, in eitlem Dogmenwahn lebenden Philosophie. Zu diesem Ergebnisse hätte Kant kommen müssen, wenn er wirklich untersucht hätte, wozu unser Denken veranlagt ist. Statt dessen bewies er in der umständlichsten Art, daß wir zu den letzten Prinzipien, die jenseits unserer Erfahrung liegen, wegen der Einrichtung unseres Erkenntnisvermögens nicht gelangen können. Vernünftigerweise dürfen wir sie aber gar nicht in ein solches Jenseits verlegen. Kant hat wohl die «dogmatische» Philosophie widerlegt, aber er hat nichts an deren Stelle gesetzt. Die zeitlich an ihn anknüpfende deutsche Philosophie entwickelte sich daher überall im Gegensatz zu Kant. Fichte, Schelling, Hegel kümmerten sich nicht weiter um die von ihrem Vorgänger abgesteckten Grenzen unseres Erkennens und suchten die Urprinzipien der Dinge *innerhalb* des Diesseits der menschlichen Vernunft. Selbst Schopenhauer, der doch behauptet, die Resultate der Kant'schen Vernunftkritik seien ewig unumstößliche Wahrheiten, kann nicht umhin, von denen seines Meisters abweichende Wege zur Erkenntnis der letzten Weltursachen einzuschlagen. Das Verhängnis dieser Denker war, daß sie Erkenntnisse der höchsten Wahrheiten suchten, ohne für solches Beginnen durch eine Untersuchung der Natur des Erkennens selbst den Grund gelegt zu haben. Die stolzen Gedankengebäude Fichtes, Schellings und Hegels stehen daher ohne Fundament da. Der Mangel eines solchen wirkte aber auch schädigend auf die Gedankengänge der Philosophen. Ohne Kenntnis der Bedeutung der reinen Ideenwelt und ihrer Beziehung zum Gebiet der Sinneswahrnehmung bauten dieselben Irrtum auf Irrtum, Einseitigkeit auf Einseitigkeit. Kein Wunder, daß die allzukühnen Systeme den Stürmen einer philosophiefeindlichen Zeit nicht zu trotzen vermochten, und viel Gutes, das sie enthielten, mit dem Schlechten erbarmungslos hinweggeweht worden ist.

Einem hiemit angedeuteten Mangel sollen die folgenden Untersuchungen abhelfen. Nicht wie Kant es tat, wollen sie darlegen, was das Erkenntnisvermögen *nicht* vermag; sondern ihr Zweck ist, zu zeigen, was es wirklich imstande ist.

Das Resultat dieser Untersuchungen ist, daß die Wahrheit nicht, wie man gewöhnlich annimmt, die ideelle Abspiegelung von irgendeinem Realen ist, sondern ein *freies* Erzeugnis des Menschengeistes, das überhaupt nirgends existierte, wenn wir es nicht selbst hervorbrächten. Die Aufgabe der Erkenntnis ist nicht: etwas schon anderwärts Vorhandenes in begrifflicher Form zu *wiederholen,* sondern die: ein ganz neues Gebiet zu *schaffen,* das mit der sinnenfällig gegebenen Welt zusammen erst die volle Wirklichkeit ergibt. Damit ist die höchste Tätigkeit des Menschen, sein geistiges Schaffen, organisch dem allgemeinen Weltgeschehen eingegliedert. Ohne diese Tätigkeit wäre das Weltgeschehen gar nicht als in sich abgeschlossene Ganzheit zu denken. Der Mensch ist dem Weltlauf gegenüber nicht ein müßiger Zuschauer, der innerhalb seines Geistes *das* bildlich wiederholt, was sich ohne sein Zutun im Kosmos vollzieht, sondern der tätige Mitschöpfer des Weltprozesses; und das Erkennen ist das vollendetste Glied im Organismus des Universums.

Für die Gesetze unseres Handelns, für unsere sittlichen Ideale hat diese Anschauung die wichtige Konsequenz, daß auch diese nicht als das Abbild von etwas außer uns Befindlichem angesehen werden können, sondern als ein nur *in* uns Vorhandenes. Eine Macht, als deren Gebote wir unsere Sittengesetze ansehen müßten, ist damit ebenfalls abgewiesen. Einen «kategorischen Imperativ», gleichsam eine Stimme aus dem Jenseits, die uns vorschriebe, was wir zu tun oder zu lassen haben, kennen wir nicht. Unsere sittlichen Ideale sind unser eigenes freies Erzeugnis. Wir haben nur auszuführen, was wir uns selbst als Norm unseres Handelns vorschreiben. Die Anschauung von der Wahrheit als Freiheitstat begründet somit auch eine Sittenlehre, deren Grundlage die vollkommen *freie Persönlichkeit* ist.

Diese Sätze gelten natürlich nur von jenem Teil unseres Handelns, dessen Gesetze wir in vollkommener Erkenntnis ideell durchdringen. Solange die letzteren bloß natürliche oder begrifflich noch unklare Motive sind, kann wohl ein geistig Höherstehender erkennen, inwiefern diese Gesetze unseres Tuns innerhalb unserer Individualität begründet sind; wir selbst aber empfinden sie als von außen auf uns wirkend, uns zwingend. Jedesmal, wenn es uns gelingt, ein solches Motiv klar erkennend zu durchdringen, machen wir eine Eroberung im Gebiet der Freiheit.

Wie sich unsere Anschauungen zu der bedeutendsten philosophischen Erscheinung der Gegenwart, zur Weltauffassung Eduard von Hartmanns, verhalten, wird der Leser aus unserer Schrift in ausführlicher Weise, soweit das Erkenntnisproblem in Frage kommt, ersehen.

Eine *«Philosophie der Freiheit»* ist es, wozu wir mit dem Gegenwärtigen ein Vorspiel geschaffen haben. Diese selbst in ausführlicher Gestalt soll bald nachfolgen.

Die Erhöhung des Daseinswertes der menschlichen Persönlichkeit ist doch das Endziel aller Wissenschaft. Wer letztere nicht in dieser Absicht betreibt, der arbeitet nur, weil er von seinem Meister solches gesehen hat; er «forscht», weil er das gerade zufällig gelernt hat. Ein «freier Denker» kann er nicht genannt werden.

Was den Wissenschaften erst den wahren Wert verleiht, ist die philosophische Darlegung der menschlichen Bedeutung ihrer Resultate. Einen Beitrag zu dieser Darlegung wollte ich liefern. Aber vielleicht verlangt die Wissenschaft der Gegenwart gar nicht nach ihrer philosophischen Rechtfertigung! Dann ist zweierlei gewiß: erstens, daß ich eine unnötige Schrift geliefert habe, zweitens, daß die moderne Gelehrsamkeit im Trüben fischt und nicht weiß, was sie will.

Am Schlusse dieser Vorrede kann ich eine persönliche Bemerkung nicht unterdrücken. Ich habe meine philosophischen Anschauungen bisher immer anknüpfend an die Goethe'sche Weltanschauung dargelegt, in die ich durch meinen über alles verehrten Lehrer *Karl Julius Schröer* zuerst eingeführt worden bin, der mir in der Goetheforschung so hoch steht, weil sein Blick immer über das Einzelne hinaus auf die *Ideen* geht.

Mit dieser Schrift hoffe ich aber nun gezeigt zu haben, daß mein Gedankengebäude eine in sich selbst begründete Ganzheit ist, die nicht aus der Goethe'schen Weltanschauung abgeleitet zu werden braucht. Meine Gedanken, wie sie hier vorliegen und weiter als «Philosophie der Freiheit» nachfolgen werden, sind im Laufe vieler Jahre entstanden. Und es geht nur aus einem tiefen Dankesgefühl hervor, wenn ich noch sage, daß die liebevolle Art, mit der mir das Haus Specht in Wien entgegenkam während der Zeit, in der ich die Erziehung der Kinder desselben zu besorgen hatte, ein einzig wünschenswertes «Milieu» zum Ausbau meiner Ideen darbot; ferner daß ich die Stimmung zum letzten Abrunden manches Gedankens meiner vorläufig auf S. 97 bis 99 keimartig skizzierten «Freiheitsphilosophie» den anregenden Gesprächen mit meiner hochgeschätzten Freundin Rosa Mayreder in Wien verdanke, deren literarische Arbeiten, die *aus* einer feinsinnigen, vornehmen Künstlernatur entspringen, voraussichtlich bald der Öffentlichkeit übergeben sein werden.

Geschrieben zu *Wien*, Anfang Dezember 1891.
Dr. Rudolf Steiner

EINLEITUNG

Die folgenden Erörterungen haben die Aufgabe, durch eine auf die letzten Elemente zurückgehende Analyse des Erkenntnisaktes das Erkenntnisproblem richtig zu formulieren und den Weg zu einer Lösung desselben anzugeben. Sie zeigen durch eine Kritik der auf Kant'schem Gedankengange fußenden Erkenntnistheorien, daß von diesem Standpunkte aus niemals eine Lösung der einschlägigen Fragen möglich sein wird. Dabei ist allerdings anzuerkennen, daß ohne die grundlegenden Vorarbeiten Volkelts[1] mit ihren gründlichen Untersuchungen über den Erfahrungsbegriff die präzise Fassung des Begriffes des «Gegebenen», wie wir sie versuchen, sehr erschwert worden wäre. Wir geben uns aber der Hoffnung hin, daß wir zu einer Überwindung des Subjektivismus, der den von Kant ausgehenden Erkenntnistheorien anhaftet, den Grund gelegt haben. Und zwar glauben wir dies durch unseren Nachweis getan zu haben, daß die subjektive Form, in welcher das Weltbild vor der Bearbeitung desselben durch die Wissenschaft für den Erkenntnisakt auftritt, nur eine notwendige Durchgangsstufe ist, die aber im Erkenntnisprozesse selbst überwunden wird. Uns gilt die sogenannte Erfahrung, die der Positivismus und der Neukantianismus so gerne als das einzig Gewisse hinstellen möchten, gerade für das Subjektivste.

1 «Erfahrung und Denken. Kritische Grundlegung der Erkenntnistheorie», von Johannes Volkelt. Hamburg und Leipzig 1886.

Und indem wir dieses zeigen, begründen wir den *objektiven Idealismus* als notwendige Folge einer sich selbst verstehenden Erkenntnistheorie. Derselbe unterscheidet sich von dem Hegel'schen metaphysischen, absoluten Idealismus dadurch, daß er den Grund für die Spaltung der Wirklichkeit in gegebenes *Sein* und *Begriff* im Erkenntnissubjekt sucht und die Vermittlung derselben nicht in einer objektiven Weltdialektik, sondern im subjektiven Erkenntnisprozesse sieht. Der Schreiber dieser Zeilen hat diesen Standpunkt schon einmal auf Grund von Untersuchungen, die sich in der *Methode* von den vorliegenden freilich wesentlich unterscheiden, und denen auch das Zurückgehen auf die ersten Elemente des Erkennens fehlt, im Jahre 1886 in seinen «Grundlinien einer Erkenntnistheorie der Goethe'sche Weltanschauung» schriftstellerisch vertreten.

Die neuere Literatur, die für diese Erörterungen in Betracht kommt, ist folgende. Wir führen dabei nicht nur dasjenige an, worauf unsere Darstellung unmittelbar Bezug hat, sondern auch alle jene Schriften, in denen Fragen behandelt werden, die den von uns erörterten ähnlich sind. Von einer besonderen Anführung der Schriften der eigentlichen philosophischen Klassiker sehen wir ab.

Für die Erkenntnistheorie im allgemeinen kommen in Betracht:

[Werke, die mit einem Stern* versehen sind, befinden sich in der Privatbibliothek Rudolf Steiners]

Avenarius, Richard: Philosophie als Denken der Welt gemäss dem Princip des kleinsten Kraftmasses. Prolegomena zu einer Kritik der reinen Erfahrung, Leipzig 1876.
– Kritik der reinen Erfahrung, 1. Band, Leipzig 1888.

Bahnsen, Julius F. A.: Der Widerspruch im Wissen und Wesen der Welt. Princip und Einzelbewährung der Realdialektik, I. Band, Berlin 1880.

Baumann, Julius: Philosophie als Orientirung über die Welt, Leipzig 1872.

Beck, Jacob Sigismund: Erläuternder Auszug aus den critischen Schriften des Herrn Prof. Kant auf Anrathen desselben, 3. Band: Einzig möglicher Standpunct, aus welchem die critische Philosophie beurtheilt werden muß, Riga 1796.

Beneke, Friedrich Eduard: System der Metaphysik und Religionsphilosophie, aus den natürlichen Grundverhältnissen des menschlichen Geistes abgeleitet, Berlin 1840.

Bergmann, Julius: Sein und Erkennen. Eine fundamentalphilosophische Untersuchung, Berlin 1880.

Biedermann, Alois Emanuel: Christliche Dogmatik, I. Band: Der principielle Theil. Zweite, erweiterte Auflage, Berlin 1884, S. 51–173.

Cohen, Hermann: Kants Theorie der Erfahrung, Berlin 1871.

Deussen, Paul: Die Elemente der Metaphysik. Als Leitfaden zum Gebrauche bei Vorlesungen sowie zum Selbststudium. Zweite, durch einige Zusätze vermehrte Auflage, Leipzig 1890.

Dilthey, Wilhelm: Einleitung in die Geisteswissenschaften. Versuch einer Grundlegung für das Studium der Gesellschaft und der Geschichte, Leipzig 1883. (Besonders die einleitenden Capitel, welche das Verhältnis der Erkenntnistheorie zu den übrigen Wissenschaften behandeln).*

Ferner käme auch noch in Betracht:

– Beiträge zur Lösung der Frage vom Ursprung unseres Glaubens an die Realität der Aussenwelt und seinem Recht. Sitzungsberichte der königlich preussischen Akademie der Wissenschaften zu Berlin, 31. Juli. Sitzung der philosophisch-historischen Classe. Bd. XXXIX, Berlin 1890, S. 977–1022.

Dorner, August: Das menschliche Erkennen. Grundlinien der Erkenntnisstheorie und Metaphysik, Berlin 1887.

Dreher, Eugen: Über Wahrnehmen und Denken. Ein Beitrag zur Erkenntnisslehre. Vortrag, gehalten im Mai 1878 in der «Philosophischen Gesellschaft» zu Berlin, Verhandlungen der philosophischen Gesellschaft zu Berlin, XV. Heft, Berlin 1878.*

Engel, Gustav: Sein und Denken, Berlin 1889.

– Über Realität und Begriff [bibliographisch nicht nachweisbar].

Enoch, Wilhelm: Der Begriff der Wahrnehmung, Hamburg 1890.*

Erdmann, Benno: Kant's Kriticismus in der ersten und zweiten Auflage der Kritik der reinen Vernunft. Eine historische Untersuchung, Leipzig 1878.

Feldegg, Ferdinand Fellner Ritter von: Das Gefühl als Fundament der Weltordnung, Wien 1890.

Fischer, Engelbert Lorenz: Die Grundfragen der Erkenntnisstheorie. Kritik der bisherigen erkenntnisstheoretischen Standpunkte und Grundlegung des kritischen Realismus, Mainz 1887.

Fischer, Kuno: System der Logik und Metaphysik oder Wissenschaftslehre. Zweite völlig umgearbeitete Auflage, Heidelberg 1865.
– Geschichte der neuern Philosophie, 6 Bde., Mannheim, Heidelberg 1854–1877 (Besonders die auf Kant bezüglichen Teile).[*]

Ganser, Anton: Die Wahrheit. Kurze Darlegung der letzten und wahren Weltprinzipien. Entwurf zu einer transcendentalen Logik, Graz 1890.

Göring, Carl: System der kritischen Philosophie, 1. Theil, Leipzig 1874.
– Über den Begriff der Erfahrung. Vierteljahresschrift für wissenschaftliche Philosophie, 1. Jahrg., Leipzig 1877, S. 384–419 u. 525–539, sowie 2. Jahrg. 1878, S. 106–114.

Grimm, Eduard: Zur Geschichte des Erkenntnisproblems. Von Bacon zu Hume, Leipzig 1890.[*]

Grung, Franz: Das Problem der Gewißheit. Grundzüge einer Erkenntnisstheorie, Heidelberg 1886.

Hamerling, Robert: Die Atomistik des Willens. Beiträge zur Kritik der modernen Erkenntniß, 2 Bde., Hamburg 1891.

Harms, Friedrich: Die Philosophie seit Kant. Bibliothek der Wissenschaft und Literatur. 8. Band. Philosophische Abtheilung. 2. Band, Berlin 1876.

Hartmann, Eduard von: Kritische Grundlegung des Transcendentalen Realismus. Zweite, erweiterte Auflage von: «Das Ding an sich und seine Beschaffenheit», Berlin 1875.*

– J. H. v. Kirchmann's erkenntnisstheoretischer Realismus. Ein kritischer Beitrag zur Begründung des transcendentalen Realismus, Berlin 1875.

– Das Grundproblem der Erkenntnisstheorie. Eine phänomenologische Durchwanderung der möglichen erkenntnisstheoretischen Standpunkte, Leipzig 1889.

– Kritische Wanderungen durch die Philosophie der Gegenwart, Leipzig 1890.*

Helmholtz, Hermann v.: Die Tatsachen der Wahrnehmung. Rede gehalten zur Stiftungsfeier der Friedrich-Wilhelms-Universität zu Berlin 3. August 1878, überarbeitet und mit Zusätzen versehen, Berlin 1879.

Heymans, Gerardus: Die Gesetze und Elemente des wissenschaftlichen Denkens. Ein Lehrbuch der Erkenntnisstheorie in Grundzügen, 1. Bd., Leyden und Leipzig 1890.

Hölder, Alfred: Darstellung der Kantischen Erkenntnisstheorie mit besonderer Berücksichtigung der verschiedenen Fassungen der transcendentalen Deduction der Kategorien, Tübingen 1874.

Horwicz, Adolf: Psychologische Analysen auf physiologischer Grundlage. Ein Versuch zur Neubegründung der Seelenlehre. Zweiter Theil. Erste Hälfte: Die Analyse des Denkens. Grundlinien der Erkenntnisstheorie, Halle 1875.

Jacobi, Friedrich Heinrich: David Hume über den Glauben oder Idealismus und Realismus. Ein Gespräch. Breslau 1787.

Kant, Immanuel: Kritik der reinen Vernunft, herausgegeben, erläutert und mit einer Lebensbeschreibung Kant's versehen von J. H. Kirchmann, Berlin 1868 (Philosophische Bibliothek, Bd. 2).

Kappes, Matthias: Der «Common Sense» als Princip der Gewißheit in der Philosophie des Schotten Thomas Reid, München 1890.

Kauffmann, Max: Fundamente der Erkenntnisstheorie und Wissenschaftslehre, Leipzig 1890.[*]

Kerry, Benno: System einer Theorie der Grenzbegriffe. Ein Beitrag zur Erkenntnisstheorie, 1. Theil, herausgegeben von Gustav Kohn, Wien 1890.

Kirchmann, Julius Heinrich von: Die Lehre vom Wissen als Einleitung in das Studium philosophischer Werke, Berlin 1868 (Philosophische Bibliothek, Bd. 1).

Laas, Ernst: Die Causalität des Ich, Vierteljahrsschrift für wissenschaftliche Philosophie, 4. Jahrg., Leipzig 1880, S. 1–54, 185–224, 311–367.

– Idealismus und Positivismus. Eine kritische Auseinandersetzung, 3 Bde., 1879–1884.

Lange, Friedrich Albert: Geschichte des Materialismus und Kritik seiner Bedeutung in der Gegenwart, Zweite, verbesserte und vermehrte Auflage, 2 Bde., Iserlohn 1873/75.[*]

Leclair, Anton von: Das kategoriale Gepräge des Denkens in seinem Einflusse auf die Probleme der Philosophie, insbesondere der Erkenntnisstheorie, Vierteljahrsschrift für wissenschaftliche Philosophie, 7. Jahrg., Leipzig 1883, S. 257–295.
– Beiträge zu einer monistischen Erkenntnisstheorie, Breslau 1882.

Liebmann, Otto: Kant und die Epigonen. Eine kritische Abhandlung, Stuttgart 1865.
– Zur Analysis der Wirklichkeit. Eine Erörterung der Grundprobleme der Philosophie, Zweite, beträchtlich vermehrte Auflage, Straßburg 1880.[*]
– Gedanken und Thatsachen. Philosophische Abhandlungen, Aphorismen und Studien. Erstes Heft: Die Arten der Nothwendigkeit. – Die mechanische Naturerklärung. – Idee und Entelechie. Straßburg 1882.
– Die Klimax der Theorieen. Eine Untersuchung aus dem Bereich der allgemeinen Wissenschaftslehre, Straßburg 1884.[*]

Lipps, Theodor: Grundtatsachen des Seelenlebens, Bonn 1883.

Lotze, Hermann: Logik. Drei Bücher vom Denken, vom Untersuchen und vom Erkennen, Leipzig 1874.

Mayer, Joseph Valentin: Vom Erkennen, Freiburg i. Br. 1885.

Meinong, Alexius: Hume Studien, 2 Bde., Wien 1877/82.

Mill, John Stuart: A System of Logic, Ratiocinative and

Inductive. Being a Connected View of the Principles of Evidence, and the Methods of Scientific Investigation, 2 Bde., London 1843.

Münz, Wilhelm: Die Grundlagen der Kant'schen Erkenntnistheorie, Zweite, verbesserte Auflage, Breslau 1885.

Neudecker, Georg: Das Grundproblem der Erkenntnisstheorie. Eine philosophische Studie, Nördlingen 1881.

Paulsen, Friedrich: Versuch einer Entwicklungsgeschichte der Kantischen Erkenntnisstheorie, Leipzig 1875.

Rehmke, Johannes: Die Welt als Wahrnehmung und Begriff. Eine Erkenntnisstheorie, Berlin 1880.*

Reid, Thomas: An Inquiry into the Human Mind, on the Principles of Common Sense, Edinburgh 1764.

Riehl, Aloys: Der philosophische Kriticismus und seine Bedeutung für die positive Wissenschaft, 2 Bde., Leipzig 1876–1887.

Rülf, Isaac: Wissenschaft des Weltgedankens und der Gedankenwelt. System einer neuen Metaphysik, 2 Bde., Leipzig 1888.

Schubert-Soldern, Richard von: Grundlagen einer Erkenntnisstheorie, Leipzig 1884.

Schulze, Gottlob Ernst [anonym]: Aenesidemus oder über die Fundamente der von dem Herrn Professor Reinhold in Jena gelieferten Elementar-Philosophie. Nebst einer Vertheidigung des Skepticismus gegen die Anmaassungen der Vernunftkritik, o. O. [Helmstädt] 1792.

Schuppe, Wilhelm: Zur «voraussetzungslosen Erkenntnistheorie», Philosophische Monatshefte, Band XVIII, Berlin, Heidelberg, Leipzig, 1882, Heft VI u. VII, S. 375–386.

Seydel, Rudolf: Logik oder Wissenschaft vom Wissen mit Berücksichtigung des Verhältnisses zwischen Philosophie und Theologie im Umrisse dargestellt, Leipzig 1866.

Sigwart, Christoph: Logik, 2 Bde., Tübingen 1873/78.

Stadler, August: Die Grundsätze der reinen Erkenntnisstheorie in der Kantischen Philosophie. Kritische Darstellung, Leipzig 1876.

Taine, Hippolyte: De l'intelligence, 2 Bde., 4. Auflage, Paris 1883.

Trendelenburg, Adolf: Logische Untersuchungen, 2 Bde., Zweite, ergänzte Auflage, Leipzig 1862.

Überweg, Friedrich: System der Logik und Geschichte der logischen Lehren, Dritte, vermehrte und verbesserte Auflage, Bonn 1868.

Vaihinger, Hans: Hartmann, Dühring und Lange. Zur Geschichte der deutschen Philosophie im 19. Jahrhundert. Ein kritischer Essay, Iserlohn 1876.

Varnbühler, Theodor: Widerlegung der Kritik der reinen Vernunft, Prag und Leipzig 1890.

Volkelt, Johannes: Immanuel Kant's Erkenntnisstheorie nach ihren Grundprincipien analysirt. Ein Beitrag zur Grundlegung der Erkenntnisstheorie, Leipzig 1879.*

– Erfahrung und Denken. Kritische Grundlegung der Erkenntnistheorie,Hamburg und Leipzig 1886.*

Wahle, Richard: Gehirn und Bewusstsein. Physiologisch-psychologische Studie, Wien 1884.

Windelband, Wilhelm: Präludien. Aufsätze und Reden zur Einleitung in die Philosophie, Freiburg i. Br. und Tübingen 1884.

– Über die verschiedenen Phasen der Kantischen Lehre vom Ding-an-sich, Vierteljahrsschrift für wissenschaftliche Philosophie, 1. Jahrg., Leipzig 1877, S. 224–266.

Witte, Johannes: Beiträge zum Verständniss Kants, Berlin 1874.

– Vorstudien zur Erkenntniss des unerfahrbaren Seins. Philosophische Abhandlungen speculativ- und historisch-kritischen Inhalts, Bonn 1876.

Wolff, Hermann: Über den Zusammenhang unserer Vorstellungen mit Dingen ausser uns, Leipzig 1874.*

Wolff, Johannes: Das Bewusstsein und sein Object, Berlin 1889.

Wundt, Wilhelm: Logik. Eine Untersuchung der Principien der Erkenntniss und der Methoden wissenschaftlicher Forschung, Erster Band: Erkenntnislehre, Stuttgart 1880.*

Für Fichte kommen in Betracht:

Biedermann, F. C.: De genetica philosophandi ratione et methodo, praesertim Fichtii, Schellingii, Hegelii, Dissertationis particula prima, syntheticam Fichtii methodum exhibens etc., Lipsiae 1835*

Fredericks, Friedrich: Der Freiheitsbegriff Kants und Fichtes, Berlin 1886.[*]

Gühloff, Otto: Der transcendentale Idealismus J. G. Fichtes, Halle 1888[*]

Hensel, Paul: Über die Beziehung des reinen Ich bei Fichte zur Einheit der Apperception bei Kant, Freiburg i. Br. 1885.

Schwabe, Gerhard: Fichtes und Schopenhauers Lehre vom Willen mit ihren Konsequenzen für Weltbegreifung und Lebensführung, Jena 1887.

Die zahlreichen zum Fichte-Jubiläum 1862 erschienen Schriften finden natürlich hier keine Berücksichtigung. Höchstens die Rede Trendelenburgs (Zur Erinnerung an Johann Gottlieb Fichte. Vortrag, gehalten in der Königl. Friedrich-Wilhelms-Universität zu Berlin am 19. Mai 1862, Berlin 1862[*]), welche wichtigere theoretische Gesichtspunkte enthält, möge erwähnt werden.

I.

VORBEMERKUNGEN

Die Erkenntnistheorie soll eine wissenschaftliche Untersuchung desjenigen sein, was alle übrigen Wissenschaften ungeprüft voraussetzen: des *Erkennens* selbst. Damit ist ihr von vorneherein der Charakter der philosophischen Fundamentalwissenschaft zugesprochen. Denn erst durch sie können wir erfahren, welchen Wert und welche Bedeutung die durch die anderen Wissenschaften gewonnenen Einsichten haben. Sie bildet in dieser Hinsicht die Grundlage für alles wissenschaftliche Streben. Es ist aber klar, daß sie dieser ihrer Aufgabe nur dann gerecht werden kann, wenn sie selbst, soweit das bei der Natur des menschlichen Erkenntnisvermögens möglich ist, voraussetzungslos ist. Dies wird wohl allgemein zugestanden. Dennoch findet man bei eingehender Prüfung der bekannteren erkenntnistheoretischen Systeme, daß schon in den Ausgangspunkten der Untersuchung eine ganze Reihe von Voraussetzungen gemacht werden, die dann die überzeugende Wirkung der weiteren Darlegungen wesentlich beeinträchtigen. Namentlich wird man bemerken, daß gewöhnlich schon bei Aufstellung der erkenntnistheoretischen Grundprobleme gewisse versteckte Annahmen gemacht werden. Wenn aber die Fragestellungen einer Wissenschaft verfehlte sind, dann muß man wohl an einer richtigen Lösung von vorneherein zweifeln. Die Geschichte der Wissenschaften lehrt uns doch, daß unzählige Irrtümer, an denen ganze Zeitalter krankten, einzig und allein darauf zurückzuführen sind, daß gewisse Probleme falsch gestellt worden sind. Wir brauchen nicht bis auf die Physik des Aristoteles oder die Ars magna Lulliana zurückzugehen, um diesen Satz zu erhärten; sondern wir können in der neueren Zeit Beispiele genug finden. Die zahlreichen Fragen nach der Bedeutung rudimentärer Organe bei gewissen Organismen konnten erst dann in richtiger Weise gestellt werden, als durch die Auffindung des biogenetischen Grundgesetzes die Bedingungen hierzu geschaffen waren. Solange die Biologie unter dem Einflusse teleologischer Anschauungen stand, war es unmöglich, die entsprechenden Probleme so aufzuwerfen, daß eine befriedigende Antwort möglich geworden wäre. Welche abenteuerlichen Vorstellungen hatte man z. B. über die Aufgabe der sogenannten Zirbeldrüse im menschlichen Gehirne, solange man nach einer solchen Aufgabe überhaupt fragte! Erst als man auf dem Wege der vergleichenden Anatomie die Klarstellung der Sache suchte und sich fragte, ob dieses Organ nicht bloß ein beim Menschen stehengebliebener Rest aus niederen Entwickelungsformen sei, gelangte man zu einem Ziele. Oder, um noch ein Beispiel anzuführen, welche Modifikationen erfuhren gewisse Fragestellungen in der Physik durch die Entdeckung des mechanischen Wärmeäquivalentes und des Gesetzes von der Erhaltung der Kraft! Kurz, der Erfolg wissenschaftlicher Untersuchungen ist ganz wesentlich davon abhängig, ob man die Probleme richtig zu stellen imstande ist. Wenn auch die Erkenntnistheorie als Voraussetzung aller übrigen Wissenschaften eine ganz besondere Stellung einnimmt, so ist dennoch vorauszusehen, daß auch in ihr ein erfolgreiches

Fortschreiten in der Untersuchung nur dann möglich sein wird, wenn die Grundfragen in richtiger Form aufgeworfen werden.

Die folgenden Auseinandersetzungen streben nun in erster Linie eine solche Formulierung des Erkenntnisproblems an, die dem Charakter der Erkenntnistheorie als vollständig voraussetzungsloser Wissenschaft strenge gerecht wird. Sie wollen dann auch das Verhältnis von J. G. Fichtes Wissenschaftslehre zu einer solchen philosophischen Grundwissenschaft beleuchten. Warum wir gerade Fichtes Versuch, den Wissenschaften eine unbedingt gewisse Grundlage zu schaffen, mit dieser Aufgabe in nähere Verbindung bringen, wird sich im Verlaufe der Untersuchung von selbst ergeben.

II.
KANTS ERKENNTNISTHEORETISCHE GRUNDFRAGE

Als der Begründer der Erkenntnistheorie im modernen Sinne des Wortes wird gewöhnlich *Kant* genannt. Gegen diese Auffassung könnte man wohl mit Recht einwenden, daß die Geschichte der Philosophie *vor* Kant zahlreiche Untersuchungen aufweist, die denn doch als mehr denn als bloße *Keime* zu einer solchen Wissenschaft anzusehen sind. So bemerkt auch *Volkelt* in seinem grundlegenden Werke über Erkenntnistheorie[2], daß schon mit *Locke* die kritische Behandlung dieser Wissenschaft ihren Anfang genommen habe. Aber auch bei noch früheren Philosophen, ja schon in der Philosophie der Griechen, findet man Erörterungen, die gegenwärtig in der Erkenntnistheorie angestellt zu werden pflegen. Indessen sind durch Kant alle hier in Betracht kommenden Probleme in ihren Tiefen aufgewühlt worden, und an ihn anknüpfend haben zahlreiche Denker dieselben so allseitig durchgearbeitet, daß man die bereits früher vorkommenden Lösungsversuche entweder bei Kant selbst oder bei seinen Epigonen wiederfindet. Wenn es sich also um ein rein *sachliches* und nicht um ein *historisches* Studium der Erkenntnistheorie handelt, so wird man kaum an einer wichtigen Erscheinung vorübergehen, wenn man bloß die Zeit seit Kants Auftreten mit der «Kritik der reinen Vernunft» in Rechnung bringt. Was vorher auf diesem Felde geleistet worden ist, wiederholt sich in dieser Epoche wieder.

2 Erfahrung und Denken. Kritische Grundlegung der Erkenntnistheorie von Johannes Volkelt. Hamburg und Leipzig 1886, S. 20.

Kants erkenntnistheoretische Grundfrage ist: *Wie sind synthetische Urteile a priori möglich?* Sehen wir diese Frage einmal auf ihre Voraussetzungslosigkeit hin an! Kant wirft dieselbe deswegen auf, weil er der Meinung ist, daß wir ein unbedingt gewisses Wissen nur dann erlangen können, wenn wir in der Lage sind, die Berechtigung synthetischer Urteile a priori nachzuweisen. Er sagt: «In der Auflösung obiger Aufgabe ist zugleich die Möglichkeit des reinen Vernunftgebrauches in Gründung und Ausführung aller Wissenschaften, die eine theoretische Erkenntnis a priori von Gegenständen enthalten, mit begriffen»[3] und «Auf die Auflösung dieser Aufgabe nun kommt das Stehen und Fallen der Metaphysik, und also ihre Existenz gänzlich an».[4]

Ist diese Frage nun, so wie Kant sie stellt, voraussetzungslos? Keineswegs, denn sie macht die Möglichkeit eines unbedingt gewissen Systems vom Wissen davon abhängig, daß es sich nur aus synthetischen und aus solchen Urteilen aufbaut, die unabhängig von aller Erfahrung gewonnen werden. Synthetische Urteile nennt Kant solche, bei welchen der Prädikatbegriff etwas zum Subjektbegriff hinzubringt, was ganz außer demselben liegt, «ob es zwar mit demselben in Verknüpfung steht»[5], wogegen bei den analytischen Urteilen das Prädikat nur etwas aussagt, was (versteckterweise) schon im Subjekt enthalten ist. Es kann hier wohl nicht der Ort sein, auf

3 Kritik der reinen Vernunft S. 61 f nach der Ausgabe von *Kirchmann*, (Berlin 1868), auf welche Ausgabe auch alle anderen Seitenzahlen bei Zitaten aus der Kritik der reinen Vernunft und der «Prolegomena» zu beziehen sind.

4 Prolegomena § 5.

5 Kritik der reinen Vernunft S. 53 f.

die scharfsinnigen Einwände *Johannes Rehmkes*[6] gegen diese Gliederung der Urteile einzugehen. Für unseren gegenwärtigen Zweck genügt es, einzusehen, daß wir ein wahrhaftes Wissen nur durch solche Urteile erlangen können, die zu einem Begriffe einen zweiten hinzufügen, dessen Inhalt wenigstens *für uns* in jenem ersten noch nicht gelegen war. Wollen wir diese Klasse von Urteilen mit Kant *synthetische* nennen, so können wir immerhin zugestehen, daß Erkenntnisse in Urteilsform nur dann gewonnen werden können, wenn die Verbindung des Prädikats mit dem Subjekte eine solche synthetische ist. Anders aber steht die Sache mit dem zweiten Teil der Frage, der verlangt, daß diese Urteile a priori, d. i. unabhängig von aller Erfahrung, gewonnen sein müssen. Es ist ja durchaus möglich[7], daß es solche Urteile überhaupt gar nicht gibt. Für den Anfang der Erkenntnistheorie muß es als gänzlich unausgemacht gelten, ob wir anders als durch Erfahrung, oder nur durch diese zu Urteilen kommen können. Ja, einer unbefangenen Überlegung gegenüber scheint eine solche Unabhängigkeit von vorneherein unmöglich. Denn was auch immer Gegenstand unseres Wissens werden mag: es muß doch einmal als unmittelbares, individuelles Erlebnis an uns herantreten, das heißt zur Erfahrung werden. Auch die mathematischen Urteile gewinnen wir auf keinem anderen Wege, als indem wir sie in bestimmten einzelnen Fällen *erfahren.* Selbst wenn man, wie z. B. *Otto Liebmann*[8] dieselben in einer gewissen Organisation unseres Bewußtseins begründet sein läßt,

6 Die Welt als Wahrnehmung und Begriff, S. 161 ff.

7 Wir meinen hiermit natürlich die bloße *Denkmöglichkeit.*

8 Zur Analysis der Wirklichkeit. Gedanken und Tatsachen.

so stellt sich die Sache nicht anders dar. Man kann dann wohl sagen: dieser oder jener Satz sei notwendig gültig, denn würde seine Wahrheit aufgehoben, so würde das Bewußtsein *mit* aufgehoben; aber den Inhalt desselben als Erkenntnis können wir doch nur gewinnen, wenn er einmal Erlebnis für uns wird, ganz in derselben Weise wie ein Vorgang in der äußeren Natur. Mag immer der Inhalt eines solchen Satzes Elemente enthalten, die seine absolute Gültigkeit verbürgen, oder mag dieselbe aus andern Gründen gesichert sein: ich kann seiner nicht anders habhaft werden, als wenn er mir einmal als Erfahrung gegenübertritt. Dies ist das eine.

Das zweite Bedenken besteht darinnen, daß man am Beginne der erkenntnistheoretischen Untersuchungen durchaus nicht behaupten darf, aus der Erfahrung können keine unbedingt gültigen Erkenntnisse stammen. Es ist zweifellos ganz gut denkbar, daß die Erfahrung selbst ein Kennzeichen aufwiese, durch welches die Gewißheit der aus ihr gewonnenen Einsichten verbürgt würde.

So liegen in der Kant'schen Fragestellung zwei Voraussetzungen: erstens, daß wir außer der Erfahrung noch einen Weg haben müssen, um zu Erkenntnissen zu gelangen, und zweitens, daß alles Erfahrungswissen nur bedingte Gültigkeit haben könne. Daß diese Sätze einer Prüfung bedürftig sind, daß sie bezweifelt werden können, dies kommt Kant gar nicht zum Bewußtsein. Er nimmt sie einfach als Vorurteile aus der dogmatischen Philosophie herüber und legt sie seinen kritischen Untersuchungen zum Grunde. Die dogmatische Philosophie setzt sie als gültig voraus und wendet sie einfach an, um zu einem ihnen entsprechenden Wissen zu gelangen; Kant setzt sie als gültig voraus und fragt sich nur: unter welchen Bedingungen können sie gültig sein? Wie: wenn sie aber überhaupt nicht gültig sind? Dann fehlt dem Kant'schen Lehrgebäude jede Grundlage.

Alles, was Kant in den fünf Paragraphen, die der Formulierung seiner Grundfrage vorangehen, vorbringt, ist der Versuch eines Beweises, daß die mathematischen Urteile synthetisch sind[9]. Aber gerade die von uns angeführten zwei Voraussetzungen bleiben als wissenschaftliche Vorurteile stehen. In Einleitung II der «Kritik der reinen Vernunft» heißt es: «Erfahrung lehrt uns zwar, daß etwas so oder so beschaffen sei, aber nicht, daß es nicht anders sein könne» und: «Erfahrung gibt niemals ihren Urteilen wahre oder strenge, sondern nur angenommene und komparative Allgemeinheit (durch Induktion).» In Prolegomena §1 finden wir: «Zuerst, was die *Quellen* einer metaphysischen Erkenntnis betrifft, so liegt es schon in ihrem Begriffe, daß sie nicht empirische sein können. Die Prinzipien derselben (wozu nicht bloß ihre Grundsätze, sondern auch Grundbegriffe gehören) müssen also niemals aus der Erfahrung genommen sein; denn sie soll nicht physische, sondern metaphysische, d. i. jenseits der Erfahrung liegende Erkenntnis sein.» Endlich sagt Kant in der «Kritik der reinen Vernunft» (S. 58): «Zuvörderst muß bemerkt werden, daß eigentliche mathematische Sätze jederzeit Urteile a priori und nicht empirisch seien, weil sie Notwendigkeit bei sich führen, welche aus Erfahrung nicht abgenommen werden kann. Will man aber dieses

9 Ein Versuch, der übrigens durch die Einwendungen Rob. Zimmermanns (Über Kants mathematisches Vorurteil und dessen Folgen) wenn auch nicht gänzlich widerlegt, so doch sehr in Frage gestellt ist.

nicht einräumen, wohlan, so schränke ich meinen Satz auf die reine Mathematik ein, deren Begriff es schon mit sich bringt, daß sie nicht empirische, sondern bloß reine Erkenntnis a priori enthalte.» Wir mögen die Kritik der reinen Vernunft aufschlagen, wo wir wollen, so werden wir finden, daß alle Untersuchungen innerhalb derselben unter Voraussetzung dieser dogmatischen Sätze geführt werden. *Cohen*[10] und *Stadler*[11] versuchen zu beweisen, Kant habe die apriorische Natur der mathematischen und rein-naturwissenschaftlichen Sätze dargetan. Nun läßt sich aber alles, was in der Kritik versucht wird, im folgenden zusammenfassen: Weil Mathematik und reine Naturwissenschaft apriorische Wissenschaften sind, deshalb muß die Form aller Erfahrung im Subjekt begründet sein. Es bleibt also nur das Material der Empfindungen, das empirisch gegeben ist. Dieses wird durch die im Gemüte liegenden Formen zum Systeme der Erfahrung aufgebaut. Nur als ordnende Prinzipien für das Empfindungsmaterial haben die formalen Wahrheiten der apriorischen Theorien Sinn und Bedeutung; sie machen die Erfahrung möglich, reichen aber nicht über dieselbe hinaus. Diese formalen Wahrheiten sind aber die synthetischen Urteile a priori, welche somit als Bedingungen aller möglichen Erfahrung so weit reichen müssen, als diese selbst. Die «Kritik der reinen Vernunft» beweist also durchaus nicht die Apriorität der Mathematik und reinen Naturwissenschaft, sondern bestimmt nur deren Geltungsgebiet unter der *Voraussetzung*, daß ihre Wahrheiten von der Erfah-

10 Cohen, Kants Theorie der Erfahrung, S. 90 ff.

11 Stadler, Die Grundsätze der reinen Erkenntnistheorie in der Kantischen Philosophie, S. 76 f.

rung unabhängig gewonnen werden sollen. Ja, Kant läßt sich so wenig auf einen Beweis für diese Apriorität ein, daß er einfach denjenigen Teil der Mathematik ausschließt (siehe oben S. 35 Z. 25 f.), bei dem dieselbe etwa, auch nach seiner Ansicht, bezweifelt werden könnte, und sich nur auf den beschränkt, bei dem er sie aus dem bloßen Begriff folgern zu können glaubt. Auch *Johannes Volkelt* findet, daß «*Kant* von der ausdrücklichen Voraussetzung» ausgehe, «daß es tatsächlich ein allgemeines und notwendiges Wissen gebe». Er sagt darüber noch weiter: «Diese von *Kant* nie ausdrücklich in Prüfung gezogene Voraussetzung steht mit dem Charakter der kritischen Erkenntnistheorie derart in Widerspruch, daß man sich ernstlich die Frage vorlegen muß, ob die ‹Kritik der reinen Vernunft› als kritische Erkenntnistheorie gelten dürfe.» Volkelt findet zwar, daß man diese Frage aus guten Gründen bejahen dürfe, aber es ist «doch durch jene dogmatische Voraussetzung die kritische Haltung der *Kantischen* Erkenntnistheorie in durchgreifender Weise gestört»[12]. Genug, auch Volkelt findet, daß die «Kritik der reinen Vernunft» keine voraussetzungslose Erkenntnistheorie ist.

Im Wesentlichen mit der unseren übereinstimmen auch die Auffassungen O. Liebmanns, Hölders, Windelbands, Überwegs, Ed. v. Hartmanns[13] und Kuno Fischers[14] in

---

12 Volkelt, Erfahrung und Denken, S. 21

13 Liebmann, Zur Analysis der Wirklichkeit, S. 211 ff., Hölder, Darstellung der Kantischen Erkenntnistheorie, S. 14ff., Windelband, Über die verschiedenen Phasen der Kantischen Lehre vom Ding-an-sich, S. 239, Überweg, System der Logik, S. 380 f., Hartmann, Kritische Grundlegung des transzendentalen Realismus, S. 142–172.

14 Geschichte der neueren Philosophie V. B. S. 60. In bezug auf Kuno Fischer irrt Volkelt, wenn er (Kants Erkenntnistheorie S. 198 f. An-

Bezug auf den Umstand, daß Kant die apriorische Gültigkeit der reinen Mathematik und Naturlehre als *Voraussetzung* an die Spitze seiner Erörterungen stellt.

Daß wir wirklich Erkenntnisse haben, die von aller Erfahrung unabhängig sind, und daß die letztere nur Einsichten von komparativer Allgemeinheit liefert, könnten wir nur als Folgesätze von anderen Urteilen gelten lassen. Es müßte diesen Behauptungen unbedingt eine Untersuchung über das Wesen der Erfahrung und eine solche über das Wesen unseres Erkennens vorangehen. Aus jener könnte der erste, aus dieser der zweite der obigen Sätze folgen.

Nun könnte man auf unsere der Vernunftkritik gegenüber geltend gemachten Einwände noch folgendes erwidern. Man könnte sagen, daß doch jede Erkenntnistheorie den Leser erst dahin führen müsse, wo der voraussetzungslose Ausgangspunkt zu finden ist. Denn was wir zu irgendeinem Zeitpunkte unseres Lebens als Erkenntnisse besitzen, hat sich weit von diesem Ausgangspunkte entfernt, und wir müssen erst wieder künstlich zu ihm zurückgeführt werden. In der Tat ist eine solche rein didaktische Verständigung über den Anfang

---

merkung) sagt, es würde «aus der Darstellung K. Fischers nicht klar, ob seiner Ansicht nach Kant nur die psychologische Tatsächlichkeit der allgemeinen und notwendigen Urteile oder zugleich die objektive Gültigkeit und Rechtmäßigkeit derselben voraussetze». Denn an der angeführten Stelle sagt Fischer, daß die Hauptschwierigkeit der Kritik der reinen Vernunft darin zu suchen sei, daß deren «Grundlegungen von gewissen Voraussetzungen abhängig» seien, «die man eingeräumt haben müsse, um das Folgende gelten zu lassen». Diese Voraussetzungen sind auch für Fischer der Umstand, daß «erst die Tatsache der Erkenntnis» festgestellt wird und dann durch Analyse die Erkenntnisvermögen gefunden, «aus denen jene Tatsache selbst erklärt wird».

seiner Wissenschaft für jeden Erkenntnistheoretiker eine Notwendigkeit. Dieselbe muß sich aber jedenfalls darauf beschränken, zu zeigen, inwiefern der in Rede stehende Anfang des Erkennens wirklich ein solcher ist; sie müßte in rein selbstverständlichen analytischen Sätzen verlaufen und keinerlei wirkliche, inhaltsvolle Behauptungen aufstellen, die den Inhalt der folgenden Erörterungen beeinflussen, wie das bei Kant der Fall ist. Auch obliegt es dem Erkenntnistheoretiker, zu zeigen, daß der von ihm angenommene Anfang wirklich voraussetzungslos ist. Aber alles das hat mit dem Wesen dieses Anfanges selbst nichts zu tun, steht ganz außerhalb desselben, sagt nichts über ihn aus. Auch am Beginne des Mathematikunterrichts muß ich mich ja bemühen, den Schüler von dem axiomatischen Charakter gewisser Wahrheiten zu überzeugen. Aber niemand wird behaupten wollen, daß der *Inhalt* der Axiome von diesen vorher angestellten Erwägungen abhängig gemacht wird[15]. Genau in derselben Weise müßte der Erkenntnistheoretiker in seinen einleitenden Bemerkungen den Weg zeigen, wie man zu einem voraussetzungslosen Anfang kommen kann; der eigentliche Inhalt desselben aber muß von diesen Erwägungen unabhängig sein. Von einer solchen Einleitung in die Erkenntnistheorie ist der aber jedenfalls weit entfernt, der wie Kant am Anfange Behauptungen mit ganz bestimmtem, dogmatischem Charakter aufstellt.

---

15 Inwiefern wir mit unseren eigenen erkenntnistheoretischen Erwägungen ganz in derselben Weise vorgehen, zeigen wir in Kapitel IV: Die Ausgangspunkte der Erkenntnistheorie.

III.
DIE ERKENNTNISTHEORIE NACH KANT

Von der fehlerhaften Fragestellung bei Kant sind nun alle nachfolgenden Erkenntnistheoretiker mehr oder weniger beeinflußt worden. Bei Kant tritt die Anschauung, daß alle uns gegebenen Gegenstände unsere *Vorstellungen* seien, als *Resultat* seines Apriorismus auf. Seither ist sie nun zum Grundsatze und Ausgangspunkte fast aller erkenntnistheoretischen Systeme gemacht worden. Was uns zunächst und unmittelbar als gewiß feststehe, sei einzig und allein der Satz, daß wir ein Wissen von unseren Vorstellungen haben; das ist zu einer fast allgemein geltenden Überzeugung der Philosophen geworden. G. *E. Schulze* behauptet bereits 1792 in seinem «Aenesidemus», daß alle unsere Erkenntnisse bloße Vorstellungen seien, und daß wir über unsere Vorstellungen nie hinausgehen können. *Schopenhauer* vertritt mit dem ihm eigenen philosophischen Pathos die Ansicht, daß der bleibende Gewinn der Kant'schen Philosophie die Ansicht sei, daß die Welt «meine Vorstellung» ist. *Ed. v. Hartmann* findet diesen Satz so unantastbar, daß er in seiner Schrift «Kritische Grundlegung des transzendentalen Realismus» überhaupt nur solche Leser voraussetzt, die sich von der naiven Identifikation ihres Wahrnehmungsbildes mit dem Dinge an sich kritisch losgerungen haben und sich die *absolute Heterogeneität* eines durch den Vorstellungsakt als subjektiv-idealen Bewußtseinsinhalts gegebenen Anschauungsobjekts und eines von dem Vorstellungsakt und der Form des Bewußtseins unabhängigen, an und für sich bestehenden Dinges zur Evidenz gebracht haben, d. i. solche, die von der Überzeugung durchdrungen sind, daß die Gesamtheit dessen, was uns unmittelbar gegeben ist, *Vorstellungen* seien[16]. In seiner letzten erkenntnistheoretischen Publikation sucht Hartmann diese seine Ansicht allerdings auch noch zu *begründen.* Wie sich eine vorurteilsfreie Erkenntnistheorie zu einer solchen Begründung stellen muß, werden unsere weiteren Ausführungen zeigen. *Otto Liebmann* spricht als sakrosankten obersten Grundsatz aller Erkenntnislehre den aus: Das Bewußtsein kann sich selbst nicht überspringen[17]. *Volkelt* hat das Urteil, daß die erste, unmittelbarste Wahrheit die sei: all unser Wissen erstrecke sich zunächst nur auf unsere Vorstellungen, das *positivistische Erkenntnisprinzip* genannt, und er betrachtet nur diejenige Erkenntnistheorie als «eminent kritisch», welche dieses «Prinzip, als das im Anfange des Philosophierens einzig Feststehende an die Spitze stellt und es dann konsequent durchdenkt»[18]. Bei anderen Philosophen findet man wieder andere Behauptungen an die Spitze der Erkenntnistheorie gestellt, z. B. die, daß das eigentliche Problem derselben in der Frage bestehe nach dem Verhältnis zwischen Denken und Sein und der Möglichkeit einer Vermittelung zwischen beiden[19] oder auch in der: wie wird das Seiende bewußt (Rehmke) usw. *Kirchmann* geht von zwei erkenntnistheoretischen Axiomen aus: «das Wahrgenommene ist»

16 Hartmann, Kritische Grundlegung des transzendentalen Realismus, Vorrede S. 10.

17 Liebmann, Zur Analysis der Wirklichkeit, S. 28 ff.

18 Volkelt, Kants Erkenntnistheorie, § 1.

19 Dorner, Das menschliche Erkennen.

und «der Widerspruch ist nicht»[20]. Nach *E. L. Fischer* besteht das Erkennen in dem Wissen von einem *Tatsächlichen, Realen*[21], und er läßt dieses Dogma ebenso ungeprüft wie *Göring,* der ähnliches behauptet: «Erkennen heißt immer, ein Seiendes erkennen; das ist Tatsache, welche weder Skeptizismus noch Kantischer Kritizismus noch Idealismus leugnen kann»[22]. Bei den beiden letzteren wird einfach dekretiert: *das* ist Erkennen, ohne zu fragen, mit welchem Rechte denn dies geschehen kann.

Selbst wenn diese verschiedenen Behauptungen richtig wären, oder zu richtigen Problemstellungen führten, könnten sie durchaus nicht am Anfange der Erkenntnistheorie zur Erörterung kommen. *Denn sie stehen, als ganz bestimmte Einsichten, alle schon* **innerhalb** *des Gebietes des Erkennens.* Wenn ich sage: mein Wissen erstreckt sich zunächst nur auf meine Vorstellungen, so ist das doch ein ganz bestimmtes Erkenntnisurteil. Ich füge durch diesen Satz der mir gegebenen Welt ein Prädikat bei, nämlich die Existenz in Form der Vorstellung. Woher aber soll ich *vor allem Erkennen* wissen, daß die mir gegebenen Dinge *Vorstellungen* sind?

Wir werden uns von der Richtigkeit der Behauptung, daß dieser Satz nicht an die Spitze der Erkenntnistheorie gestellt werden darf, am besten überzeugen, wenn wir den Weg verfolgen, den der menschliche Geist nehmen muß, um zu ihm zu kommen. Der Satz ist fast ein Bestandteil des ganzen modernen wissenschaftlichen Bewußtseins geworden. Die Erwägungen, die dasselbe zu ihm hinge-

20 Kirchmann, Die Lehre vom Wissen, S. 68.

21 E. L. Fischer, Die Grundfragen der Erkenntnistheorie, S. 385.

22 Göring, System der Kritischen Philosophie. 1. Teil, S. 257.

drängt haben, finden sich in ziemlicher Vollständigkeit systematisch zusammengestellt in dem I. Abschnitt von Ed. v. Hartmanns Schrift: «Das Grundproblem der Erkenntnistheorie». Das in derselben Vorgebrachte kann somit als eine Art von Leitfaden dienen, wenn man sich zur Aufgabe macht, alle Gründe zu erörtern, die zu jener Annahme führen können.

Diese Gründe sind physikalische, psycho-physische, physiologische und eigentlich philosophische.

Der Physiker gelangt durch Beobachtung derjenigen Erscheinungen, die sich in unserer Umgebung abspielen, wenn wir z.B. eine Schallempfindung haben, zu der Annahme, daß in diesen Erscheinungen nichts liege, das mit dem auch nur die entfernteste Ähnlichkeit hätte, was wir unmittelbar als Schall wahrnehmen. Draußen, in dem uns umgebenden Raume, sind lediglich longitudinale Schwingungen der Körper und der Luft aufzufinden. Daraus wird gefolgert, daß das, was wir im gewöhnlichen Leben Schall oder Ton nennen, lediglich eine subjektive Reaktion unseres Organismus auf jene Wellenbewegung sei. Ebenso findet man, daß das Licht und die Farbe oder die Wärme etwas rein Subjektives sind. Die Erscheinungen der Farbenzerstreuung, der Brechung, Interferenz und Polarisation belehren uns, daß den obengenannten Empfindungsqualitäten im Außenraume gewisse transversale Schwingungen entsprechen, die wir teils den Körpern, teils einem unmeßbar feinen, elastischen Fluidum, dem Äther, zuzuschreiben uns veranlaßt fühlen. Ferner sieht sich der Physiker gezwungen, aus gewissen Erscheinungen in der Körperwelt den Glauben an die Kontinuität der Gegenstände im Raume aufzugeben und dieselben auf Systeme von kleinsten Teilen (Molekülen, Atomen) zurückzuführen, deren Größe im Verhältnisse zu ihren Entfernungen unmeßbar klein sind. Daraus wird geschlossen, daß alle Wirkung der Körper aufeinander durch den leeren Raum hindurch geschehe, somit eine wahre actio in distans sei. Die Physik glaubt sich berechtigt anzunehmen, daß die Wirkung der Körper auf unseren Tast- und Wärmesinn nicht durch unmittelbare Berührung geschehe, weil ja immer eine gewisse, wenn auch kleine, Entfernung zwischen der den Körper berührenden Hautstelle und diesem selbst da sein müsse. Daraus ergebe sich, daß das, was wir z.B. als Härte oder Wärme der Körper empfinden, nur Reaktionen unserer Tast- und Wärmenerven-Endorgane auf die durch den leeren Raum hindurch wirkenden *Molekularkräfte* der Körper seien.

Als Ergänzung treten zu diesen Erwägungen des Physikers jene des Psycho-Physikers hinzu, die in der Lehre von den spezifischen Sinnes-Energien ihren Ausdruck finden. *J. Müller* hat gezeigt, daß jeder Sinn nur in der ihm eigentümlichen, durch seine Organisation bedingten Weise affiziert werden kann, und daß er immer in derselben Weise reagiert, was auch immer für ein äußerer Eindruck auf ihn ausgeübt wird. Wird der Sehnerv erregt, so empfinden wir Licht, gleichgültig, ob es Druck oder elektrischer Strom oder Licht ist, was auf den Nerv einwirkt. Andrerseits erzeugen dieselben äußeren Vorgänge ganz verschiedene Empfindungen, je nachdem sie von diesem oder jenem Sinne perzipiert werden. Daraus hat man gefolgert, daß es nur *eine* Art von Vorgängen in der Außenwelt gebe, nämlich Bewegungen, und daß die Mannigfaltigkeit der von uns wahrgenommenen Welt wesentlich eine Reaktion unserer Sinne auf diese Vorgänge sei. Nach dieser Ansicht nehmen wir nicht die Außenwelt als solche wahr, sondern bloß die in uns von ihr ausgelösten, subjektiven Empfindungen.

Zu den Erwägungen der Physik treten auch noch jene der Physiologie. Jene verfolgt die außer unserem Organismus vor sich gehenden Erscheinungen, welche den Wahrnehmungen korrespondieren; diese sucht die Vorgänge im eigenen Leibe des Menschen zu erforschen, die sich abspielen, während in uns eine gewisse Sinnesqualität ausgelöst wird. Die Physiologie lehrt, daß die Epidermis gegen Reize der Außenwelt vollständig unempfindlich ist. Wenn also z. B. die Endorgane unserer Tastnerven an der Körperperipherie von den Einwirkungen der Außenwelt affiziert werden sollen, so muß der Schwingungsvorgang, der außerhalb unseres Leibes liegt, erst durch die Epidermis fortgepflanzt werden. Beim Gehör- und Gesichtssinne wird außerdem der äußere Bewegungsvorgang durch eine Reihe von Organen in den Sinneswerkzeugen verändert, bevor er an den Nerv herankommt. Diese Affektion der Endorgane muß nun durch den Nerv bis zum Zentralorgan geleitet werden, und hier erst kann sich das vollziehen, wodurch auf Grund von rein mechanischen Vorgängen im Gehirne die Empfindung erzeugt wird. Es ist klar, daß durch diese Umformungen, die der Reiz, der auf die Sinnesorgane ausgeübt wird, erleidet, derselbe so vollständig umgewandelt wird, daß jede Spur von Ähnlichkeit zwischen der ersten Einwirkung auf die Sinne und der zuletzt im Bewußtsein auftretenden Empfindung verwischt sein muß. *Hartmann* spricht das Ergebnis dieser Überlegung mit folgenden Worten aus: «Dieser Bewußtseinsinhalt besteht ursprünglich aus Empfindungen, mit welchen die Seele auf die Bewegungszustände ihres obersten Hirnzentrums reflektorisch reagiert, welche aber mit den molekularen Bewegungszuständen, durch welche sie ausgelöst werden, nicht die geringste Ähnlichkeit haben.»

Wer diesen Gedankengang vollständig bis ans Ende durchdenkt, muß zugeben, daß, wenn er richtig ist, auch nicht der geringste Rest von dem, was man äußeres Dasein nennen kann, in unserem Bewußtseinsinhalt enthalten wäre.

Hartmann fügt zu den physikalischen und physiologischen Einwänden gegen den sogenannten «naiven Realismus» noch solche, die er im eigentlichen Sinne philosophische nennt, hinzu. Bei einer logischen Durchmusterung der beiden ersten Einwände bemerken wir, daß wir im Grunde doch nur dann zu dem angezeigten Resultate kommen können, wenn wir von dem Dasein und dem Zusammenhange der äußeren Dinge, wie sie das gewöhnliche naive Bewußtsein annimmt, ausgehen und dann untersuchen, wie diese Außenwelt bei unserer Organisation in unser Bewußtsein kommen kann. Wir haben gesehen, daß uns jede Spur von einer solchen Außenwelt auf dem Wege vom Sinneseindruck bis zum Eintritt in das Bewußtsein verlorengeht, und in dem letzteren nichts als unsere Vorstellungen übrig bleiben. Wir müssen daher annehmen, daß jenes Bild der Außenwelt, das wir wirklich haben, von der Seele auf Grund des Empfindungsmateriales aufgebaut werde. Zunächst wird aus den Empfindungen des Gesichts- und des Tastsinns ein räumliches Weltbild konstruiert, in das dann die Empfindungen der übrigen Sinne eingefügt werden. Wenn wir uns gezwungen sehen, einen bestimmten Komplex von Empfindungen zusammenhängend zu denken, so kommen wir zum Begriffe der Substanz, die wir als Träger derselben ansehen. Bemerken wir, daß an einer Substanz Empfindungsqualitäten verschwinden und andere wieder auftauchen, so schreiben wir solches einem durch das Gesetz der Kausalität geregelten Wechsel in der Erscheinungswelt zu. So setzt sich, nach dieser Auffassung, unser ganzes Weltbild aus subjektivem Empfindungsinhalt zusammen, der durch die eigene Seelentätigkeit geordnet wird. Hartmann sagt: «Was das Subjekt wahrnimmt, sind also immer nur Modifikationen seiner eigenen psychischen Zustände und nichts anderes.»[23]

Fragen wir uns nun: wie kommen wir zu einer solchen Überzeugung? Das Skelett des angestellten Gedankenganges ist folgendes: Wenn eine Außenwelt existiert, so wird sie von uns nicht als solche wahrgenommen, sondern durch unsere Organisation in eine Vorstellungswelt umgewandelt. Wir haben es hier mit einer Voraussetzung zu tun, die, konsequent verfolgt, sich selbst aufhebt. Ist dieser Gedankengang aber geeignet, *irgendeine* Überzeugung zu begründen? Sind wir berechtigt, das uns gegebene Weltbild deshalb als subjektiven Vorstellungsinhalt anzusehen, weil die Annahme des naiven Bewußtseins, strenge durchgedacht, zu dieser Ansicht führt? Unser Ziel ist ja doch, diese Annahme selbst als ungültig zu erweisen. Dann müßte es möglich sein, daß eine Behauptung sich als falsch erwiese und doch das Resultat, zu dem sie

23 Das Grundproblem der Erkenntnistheorie, S. 37.

gelangt, ein richtiges sei. Das kann ja immerhin irgendwo vorkommen; aber nimmermehr kann dann das Resultat als aus jener Behauptung *erwiesen* angesehen werden.

Man nennt gewöhnlich die Weltansicht, welche die Realität des uns unmittelbar gegebenen Weltbildes wie etwas nicht weiter Anzuzweifelndes, Selbstverständliches hinnimmt, naiven Realismus. Die entgegengesetzte dagegen, die dieses Weltbild bloß für unseren Bewußtseinsinhalt hält, transzendentalen Idealismus. Wir können somit auch das Ergebnis der vorangehenden Erwägungen mit folgenden Worten zusammenfassen: *Der transzendentale Idealismus erweist seine Richtigkeit, indem er mit den Mitteln des naiven Realismus, dessen Widerlegung er anstrebt, operiert.* Er ist berechtigt, wenn der naive Realismus falsch ist; aber die Falschheit wird nur mit Hilfe der falschen Ansicht selbst bewiesen. Wer sich dieses vor Augen bringt, für den bleibt nichts übrig, als den Weg zu verlassen, der hier eingeschlagen wird, um zu einer Weltansicht zu gelangen, und einen anderen zu gehen. Soll das aber, auf gut Glück, versuchsweise geschehen, bis wir zufällig auf das Rechte treffen? Ed. v. Hartmann ist allerdings dieser Ansicht, wenn er die Gültigkeit seines erkenntnistheoretischen Standpunktes damit dargetan zu haben glaubt, daß dieser die Welterscheinungen erklärt, während die anderen das nicht tun. Nach der Ansicht dieses Denkers nehmen die einzelnen Weltanschauungen eine Art von Kampf ums Dasein auf, und diejenige, welche sich in demselben am besten bewährt, wird zuletzt als Siegerin akzeptiert. Aber ein solches Verfahren scheint uns schon deshalb unstatthaft, weil es ja ganz gut mehrere Hypothesen geben könnte, die *gleich* befriedigend zur Erklärung der Welterscheinungen führen. Deshalb wollen wir uns lieber an den obigen Gedankengang zur Widerlegung des naiven Realismus halten und nachsehen, wo eigentlich sein Mangel liegt. Der naive Realismus ist doch diejenige Auffassung, von der alle Menschen ausgehen. Schon deshalb empfiehlt es sich, die Korrektur gerade bei ihm zu beginnen. Haben wir dann eingesehen, warum er mangelhaft sein muß, dann werden wir mit ganz anderer Sicherheit auf einen richtigen Weg geführt werden, als wenn wir einen solchen einfach auf gut Glück versuchen.

Der oben skizzierte Subjektivismus beruht auf einer *denkenden* Verarbeitung gewisser Tatsachen. Er setzt also voraus, daß, von einem tatsächlichen Ausgangspunkte aus, durch folgerichtiges Denken (logische Kombination bestimmter Beobachtungen) richtige Überzeugungen gewonnen werden können. Das *Recht* zu einer solchen Anwendung unseres Denkens wird aber auf diesem Standpunkte nicht geprüft. Und darin liegt seine Schwäche. Während der naive Realismus von der ungeprüften Annahme ausgeht, daß der von uns wahrgenommene Erfahrungsinhalt objektive Realität habe, geht der charakterisierte Standpunkt von der ebenfalls ungeprüften Überzeugung aus, daß man durch Anwendung des Denkens zu wissenschaftlich berechtigten Überzeugungen kommen könne. Im Gegensatz zum naiven Realismus kann man diesen Standpunkt naiven Rationalismus nennen. Um diese Terminologie zu rechtfertigen, möchten wir hier eine kurze Bemerkung über den Begriff des «Naiven» einschalten. *A. Döring* sucht diesen Begriff in seinem Aufsatze: «Über den Begriff des naiven Realismus» näher zu bestimmen[24]. Er sagt darüber: «Der Begriff der Naivität bezeichnet gleichsam den Nullpunkt auf der Skala der Reflexion über das eigene Verhalten. Inhaltlich kann die Naivität durchaus das Richtige treffen, denn sie ist zwar reflexionslos und eben darum kritiklos oder unkritisch..., aber dies Fehlen der Reflexion und Kritik schließt nur die objektive Sicherheit des Richtigen aus; es schließt die Möglichkeit und Gefahr des Verfehlens, keineswegs die Notwendigkeit desselben in sich. Es gibt eine Naivität des Fühlens und des Wollens, wie des Vorstellens und Denkens im weitesten Sinne des letzteren Wortes, ferner eine Naivität der Äußerungen dieser inneren Zustände im Gegensatz gegen die durch Rücksichten, Reflexion bewirkte Repression oder Modifikation derselben. Die Naivität ist, wenigstens bewußt, nicht beeinflußt vom Hergebrachten, Angelernten und Vorschriftsmäßigen...; sie ist auf allen Gebieten, was das Stammwort nativus ausdrückt, das Unbewußte, Impulsive, Instinktive, Dämonische». Wir wollen, von diesen Sätzen ausgehend, den Begriff des Naiven doch noch etwas präziser fassen. Bei aller Tätigkeit, die wir vollbringen, kommt zweierlei in Betracht: die Tätigkeit selbst und das Wissen um deren Gesetzmäßigkeit. Wir können in der ersten vollständig aufgehen, ohne nach der letzteren zu fragen. Der Künstler, der die Gesetze seines Schaffens nicht in reflexionsmäßiger Form kennt, sondern sie dem Gefühle, der Empfindung nach *übt,* ist in diesem Falle. Wir nennen ihn naiv. Aber es gibt eine Art von Selbstbeobachtung, die sich um die Gesetzlichkeit des eigenen Tuns fragt, und welche für die soeben geschilderte Nai-

24 Philosophische Monatshefte Bd. XXVI, Heidelberg 1890, S. 390.

vität das Bewußtsein eintauscht, daß sie genau die Tragweite und Berechtigung dessen kennt, was sie vollführt. Diese wollen wir *kritisch* nennen. Wir glauben damit am besten den Sinn dieses Begriffes zu treffen, wie er sich seit Kant mit mehr oder minder klarem Bewußtsein in der Philosophie eingebürgert hat. Kritische Besonnenheit ist demnach das Gegenteil von Naivität. Wir nennen ein Verhalten *kritisch*, das sich der Gesetze der eigenen Tätigkeit bemächtigt, um deren Sicherheit und Grenzen kennen zu lernen. Die Erkenntnistheorie kann aber nur eine kritische Wissenschaft sein. Ihr Objekt ist ja ein eminent subjektives Tun des Menschen: das *Erkennen*, und was sie darlegen will, ist die *Gesetzmäßigkeit des Erkennens.* Von dieser Wissenschaft muß also alle Naivität ausgeschlossen sein. Sie muß gerade darinnen ihre Stärke sehen, daß sie dasjenige vollzieht, von dem sich viele aufs Praktische gerichtete Geister rühmen, es nie getan zu haben, nämlich das «Denken über das Denken».

IV.
DIE AUSGANGSPUNKTE DER ERKENNTNISTHEORIE

Am Beginne der erkenntnistheoretischen Untersuchungen ist nach allem, was wir gesehen haben, das abzuweisen, was selbst schon in das Gebiet des Erkennens gehört. Die Erkenntnis ist etwas vom Menschen zustande Gebrachtes, etwas durch seine Tätigkeit Entstandenes. Soll sich die Erkenntnistheorie wirklich aufklärend über das *ganze* Gebiet des Erkennens erstrecken, dann muß sie etwas zum Ausgangspunkte nehmen, was von dieser Tätigkeit ganz unberührt geblieben ist, wovon die letztere vielmehr selbst erst den Anstoß erhält. Womit anzufangen ist, das liegt *außerhalb* des Erkennens, das kann selbst noch keine Erkenntnis sein. Aber wir haben es *unmittelbar vor* dem Erkennen zu suchen, so daß schon der nächste Schritt, den der Mensch von demselben aus unternimmt, *erkennende* Tätigkeit ist. Die Art nun, wie dieses absolut Erste zu bestimmen ist, muß eine solche sein, daß in dieselbe nichts mit einfließt, was schon von einem Erkennen herrührt.

Ein solcher Anfang kann aber nur mit dem *unmittelbar gegebenen Weltbilde* gemacht werden, d.i. jenem Weltbilde, das dem Menschen vorliegt, bevor er es in irgendeiner Weise dem Erkenntnisprozesse unterworfen hat, also bevor er auch nur die allergeringste Aussage über dasselbe gemacht, die allergeringste gedankliche Bestimmung mit demselben vorgenommen hat. Was da an uns vorüberzieht, und woran wir vorüberziehen, dieses zusammenhanglose und doch auch nicht in individuelle Einzelheiten gesonderte[25] Weltbild, in dem nichts voneinander unterschieden, nichts aufeinander bezogen ist, nichts durch ein anderes bestimmt erscheint: das ist das unmittelbar Gegebene. Auf dieser Stufe des Daseins – wenn wir diesen Ausdruck gebrauchen dürfen – ist kein Gegenstand, kein Geschehnis wichtiger, bedeutungsvoller als ein anderer bzw. ein anderes. Das rudimentäre Organ des Tieres, das vielleicht für eine spätere, schon durch das Erkennen erhellte Stufe des Daseins ohne alle Bedeutung für die Entwickelung und das Leben desselben ist, steht gerade mit demselben Anspruch auf Beachtung da, wie der edelste, notwendigste Teil des Organismus. *Vor* aller erkennenden Tätigkeit stellt sich im Weltbilde nichts als Substanz, nichts als Akzidenz, nichts als Ursache oder Wirkung dar; die Gegensätze von Materie und Geist, von Leib und Seele sind noch nicht geschaffen. Aber auch jedes andere Prädikat müssen wir von dem auf dieser Stufe festgehaltenen Weltbilde fernhalten. Es kann weder als Wirklichkeit noch als Schein, weder als subjektiv, noch als objektiv, weder als zufällig noch als notwendig aufgefaßt werden; ob es «Ding an sich» oder bloße Vorstellung ist, darüber ist auf dieser Stufe nicht zu entscheiden. Denn daß die Erkenntnisse der Physik und Physiologie, die zur Subsummierung des Gegebenen unter eine der obigen Kategorien verleiten, nicht an die Spitze der Erkenntnistheorie gestellt werden dürfen, haben wir bereits gesehen.

25 Das Absondern individueller Einzelheiten aus dem ganz unterschiedlosen gegebenen Weltbild ist schon ein Akt gedanklicher Tätigkeit.

Wenn ein Wesen mit vollentwickelter, menschlicher Intelligenz plötzlich aus dem Nichts geschaffen würde und der Welt gegenüberträte, so wäre der *erste* Eindruck, den letztere auf seine Sinne und sein Denken machte, etwa das, was wir mit dem unmittelbar gegebenen Weltbilde bezeichnen. Dem Menschen liegt dasselbe allerdings in keinem Augenblicke seines Lebens in dieser Gestalt wirklich vor; es ist in seiner Entwicklung nirgends eine Grenze zwischen reinem, passiven Hinauswenden zum unmittelbar Gegebenen und dem denkenden Erkennen desselben vorhanden. Dieser Umstand könnte Bedenken gegen unsere Aufstellung eines Anfangs der Erkenntnistheorie erregen. So sagt z. B. Ed. v. Hartmann: «Wir haben nicht zu fragen, welches der Bewußtseinsinhalt des zum Bewußtsein erwachenden Kindes oder des auf der untersten Stufe der Lebewesen stehenden Tieres sei; denn davon hat der philosophierende Mensch keine Erfahrung, und die Schlüsse, durch welche er diesen Bewußtseinsinhalt primitiver biogenetischer oder ontogenetischer Stufen zu rekonstruieren versucht, müssen doch immer wieder auf seiner persönlichen Erfahrung fußen. Wir haben also zunächst festzustellen, was der vom philosophierenden Menschen beim Beginn der philosophischen Reflexion vorgefundene Bewußtseinsinhalt sei.»[26] Dagegen ist aber einzuwenden, daß das Weltbild, das wir am Beginne der philosophischen Reflexion haben, schon Prädikate trägt, die nur durch das Erkennen vermittelt sind. Diese dürfen nicht kritiklos hingenommen, sondern müssen sorgfältig aus dem Weltbilde herausgeschält werden, damit es ganz rein von allem durch den Erkenntnisprozeß Hinzuge-

26 Das Grundproblem der Erkenntnistheorie, S. 1.

fügten erscheint. Die Grenze zwischen Gegebenem und Erkanntem wird überhaupt mit keinem Augenblicke der menschlichen Entwicklung zusammenfallen, sondern sie muß *künstlich* gezogen werden. Dies aber kann auf jeder Entwicklungsstufe geschehen, wenn wir nur den Schnitt zwischen dem, was ohne gedankliche Bestimmung vor dem Erkennen an uns herantritt und dem, was durch letzteres erst daraus gemacht wird, richtig führen.

Nun kann man uns vorwerfen, daß wir eine ganze Reihe von gedanklichen Bestimmungen bereits angehäuft haben, um jenes angeblich unmittelbare Weltbild aus dem durch erkennende Bearbeitung von dem Menschen vervollständigten herauszuschälen. Aber dagegen ist folgendes zu sagen: was wir an Gedanken aufgebracht haben, sollte ja nicht jenes Weltbild etwa charakterisieren, sollte gar keine Eigenschaft desselben angeben, überhaupt nichts über dasselbe aussagen, sondern nur unsere Betrachtung so lenken, daß sie bis zu jener Grenze geführt wird, wo sich das Erkennen an seinen Anfang gestellt sieht. Von Wahrheit oder Irrtum, Richtigkeit oder Unrichtigkeit jener Ausführungen, die nach unserer Auffassung dem Augenblicke vorangehen, in dem wir am Beginne der Erkenntnistheorie stehen, kann daher nirgends die Rede sein. Dieselben haben nur die Aufgabe, *zweckmäßig* zu diesem Anfange hinzuleiten. Niemand, der im Begriffe steht, sich mit erkenntnistheoretischen Problemen zu befassen, steht zugleich dem mit Recht so genannten Anfange des Erkennens gegenüber, sondern er hat bereits, bis zu einem gewissen Grade, entwickelte Erkenntnisse. Aus diesen alles zu entfernen, was durch die Arbeit des Erkennens gewonnen ist, und den vor derselben liegenden Anfang festzustellen, kann nur durch begriffliche Erwägungen geschehen. Aber den Begriffen kommt auf dieser Stufe kein Erkenntniswert zu, sie haben die rein negative Aufgabe, alles aus dem Gesichtsfelde zu entfernen, was der Erkenntnis angehört, und dahin zu leiten, wo die letztere erst einsetzt. Diese Erwägungen sind die Wegweiser zu jenem Anfang, an den der Akt des Erkennens herantritt, gehören aber demselben noch nicht an. Bei allem, was der Erkenntnistheoretiker vor der Feststellung des Anfangs vorzubringen hat, gibt es also nur Zweckmäßigkeit oder Unzweckmäßigkeit, nicht Wahrheit oder Irrtum. Aber auch in diesem Anfangspunkte selbst ist aller Irrtum ausgeschlossen; denn der letztere kann erst mit dem Erkennen beginnen, also nicht *vor* demselben liegen.

Den letzten Satz darf keine andere als *die* Erkenntnistheorie für sich in Anspruch nehmen, die von unseren Erwägungen ausgeht. Wo der Ausgangspunkt von einem Objekte (oder Subjekte) mit einer gedanklichen Bestimmung gemacht wird, da ist der Irrtum allerdings auch im Anfange, nämlich gleich bei dieser Bestimmung, möglich. Es hängt ja die Berechtigung derselben von den Gesetzen ab, welche der Erkenntnisakt zugrunde legt. Dieselbe kann sich aber erst im Verlaufe der erkenntnistheoretischen Untersuchungen ergeben. Nur wenn man sagt: ich sondere alle gedanklichen, durch Erkennen erlangten Bestimmungen aus meinem Weltbilde aus und halte nur alles dasjenige fest, was ohne mein Zutun in den Horizont meiner Beobachtung tritt, dann ist aller Irrtum ausgeschlossen. Wo ich mich grundsätzlich aller Aussage enthalte, da kann ich auch keinen Irrtum begehen.

Insofern der *Irrtum* erkenntnistheoretisch in Betracht kommt, *kann er nur innerhalb des Erkenntnisaktes liegen.* Die Sinnestäuschung ist kein Irrtum. Wenn uns der Mond im Aufgangspunkte größer erscheint als im Zenit, so haben wir es nicht mit einem Irrtume, sondern mit einer in den Naturgesetzen wohl begründeten Tatsache zu tun. Ein Fehler in der Erkenntnis entstünde erst, wenn wir bei der Kombination der gegebenen Wahrnehmungen im Denken jenes «größer» und «kleiner» in unrichtiger Weise deuteten. Diese Deutung liegt aber *innerhalb* des Erkenntnisaktes.

Will man wirklich das Erkennen in seiner ganzen Wesenheit begreifen, dann muß man es unzweifelhaft zunächst da erfassen, wo es an seinen Anfang gestellt ist, wo es einsetzt. Auch ist klar, daß dasjenige, was *vor* diesem Anfang liegt, nicht in die Erklärung des Erkennens mit einbezogen werden darf, sondern eben vorausgesetzt werden muß. In das Wesen dessen einzudringen, was hier von uns vorausgesetzt wird, ist Aufgabe der wissenschaftlichen Erkenntnis in ihren einzelnen Zweigen. Hier wollen wir aber nicht besondere Erkenntnisse über dieses oder jenes gewinnen, sondern das Erkennen selbst untersuchen. Erst wenn wir den Erkenntnisakt begriffen haben, können wir ein Urteil darüber gewinnen, was die Aussagen über den Weltinhalt für eine Bedeutung haben, die im *Erkennen* über denselben gemacht werden.

Deshalb enthalten wir uns solange jeglicher Bestimmung über das unmittelbar Gegebene, solange wir nicht wissen, welchen Bezug eine solche Bestimmung zu dem Bestimmten hat. Selbst mit dem Begriff des «Unmittelbar-Gegebenen» sprechen wir nichts über das vor dem

Erkennen Liegende aus. Er hat nur den Zweck, auf dasselbe hinzuweisen, den Blick darauf zu richten. Die begriffliche Form ist hier im Anfange der Erkenntnistheorie nur die erste Beziehung, in welche sich das Erkennen zum Weltinhalte setzt. Es ist mit dieser Bezeichnung selbst für den Fall vorgesorgt, daß der gesamte Weltinhalt nur ein Gespinst unseres eigenen «Ich» ist, daß also der exklusive Subjektivismus zu Recht bestünde; denn von einem *Gegebensein* dieser Tatsache kann ja nicht die Rede sein. Sie könnte nur das Ergebnis erkennender Erwägung sein, d. h. sich durch die Erkenntnistheorie erst als richtig herausstellen, nicht aber ihr als Voraussetzung dienen.

In diesem unmittelbar gegebenen Weltinhalt ist nun alles eingeschlossen, was überhaupt innerhalb des Horizontes unserer Erlebnisse im weitesten Sinne auftauchen kann: Empfindungen, Wahrnehmungen, Anschauungen, Gefühle, Willensakte, Traum- und Phantasiegebilde, Vorstellungen, Begriffe und Ideen.

Auch die Illusionen und Halluzinationen stehen auf dieser Stufe ganz gleichberechtigt da mit anderen Teilen des Weltinhalts. Denn welches Verhältnis dieselben zu anderen Wahrnehmungen haben, das kann erst die erkennende Betrachtung lehren.

Wenn die Erkenntnistheorie von der Annahme ausgeht, daß alles eben Angeführte unser Bewußtseinsinhalt sei, dann entsteht natürlich sofort die Frage: wie kommen wir aus dem Bewußtsein heraus zur Erkenntnis des Seins, wo ist das Sprungbrett, das uns aus dem Subjektiven ins Transsubjektive führt? Für uns liegt die Sache ganz anders. Für uns sind das Bewußtsein sowohl wie die «Ich»-Vorstellung zunächst nur Teile des Unmittelbar-Gegebenen, und welches Verhältnis die ersteren zu dem letzteren haben, ist erst ein Ergebnis der Erkenntnis. Nicht vom Bewußtsein aus wollen wir das Erkennen bestimmen, sondern umgekehrt: vom Erkennen aus das Bewußtsein und das Verhältnis von Subjektivität und Objektivität. Da wir das Gegebene zunächst ohne alle Prädikate lassen, so müssen wir fragen: wie kommen wir überhaupt zu einer Bestimmung desselben, wie ist es möglich, mit dem Erkennen irgendwo anzufangen? Wie können wir den einen Teil des Weltbildes z. B. als Wahrnehmung, den andern als Begriff, den einen als Sein, den andern als Schein, jenen als Ursache, diesen als Wirkung bezeichnen, wie können wir uns selbst von dem Objektiven abscheiden und als «Ich» gegenüber dem «Nicht-Ich» ansehen?

Wir müssen die Brücke von dem gegebenen Weltbilde zu jenem finden, welches wir durch unser Erkennen entwickeln. Dabei begegnen wir aber der folgenden Schwierigkeit. Solange wir das Gegebene bloß passiv anstarren, können wir nirgends einen Ansatzpunkt finden, an den wir anknüpfen könnten, um von da aus das Erkennen weiterzuspinnen. Wir müßten im Gegebenen irgendwo den Ort finden, wo wir eingreifen können, wo etwas dem Erkennen Homogenes liegt. Wäre alles wirklich *nur* gegeben, dann müßte es beim bloßen Hinausstarren in die Außenwelt und einem völlig gleichwertigen Hineinstarren in die Welt unserer Individualität sein Bewenden haben. Wir könnten dann die Dinge höchstens als Außenstehende *beschreiben,* aber niemals sie *begreifen.* Unsere Begriffe hätten nur einen rein äußerlichen Bezug zu dem, worauf sie sich beziehen, keinen innerlichen. Es hängt für das wahrhafte Erkennen alles davon ab, daß wir irgendwo im Gegebenen ein Gebiet finden, wo unsere erkennende Tätigkeit sich nicht bloß ein Gegebenes *voraussetzt,* sondern in dem Gegebenen tätig mitten darinnen steht. Mit anderen Worten: Es muß sich gerade bei dem strengen Festhalten an dem Bloß-Gegebenen herausstellen, daß nicht alles ein solches ist. Unsere Forderung muß eine solche gewesen sein, daß sie durch ihre strenge Einhaltung sich teilweise selbst aufhebt. Wir haben sie gestellt, damit wir nicht willkürlich irgendeinen Anfang der Erkenntnistheorie festsetzen, sondern denselben wirklich aufsuchen. *Gegeben* in unserem Sinne kann alles werden, auch das *seiner innersten Natur nach Nicht-Gegebene.* Es tritt uns eben dann bloß *formell* als Gegebenes entgegen; entpuppt sich aber bei genauerer Betrachtung von selbst als das, was es wirklich ist.

Alle Schwierigkeit in dem Begreifen des Erkennens liegt darinnen, daß wir den Weltinhalt nicht aus uns selbst hervorbringen. Würden wir das, so gäbe es überhaupt kein Erkennen. Eine Frage für mich kann durch ein Ding nur entstehen, wenn es mir «gegeben» wird. Was ich hervorbringe, dem *erteile* ich seine Bestimmungen; ich brauche also nach ihrer Berechtigung nicht erst zu fragen.

Dies ist der zweite Punkt unserer Erkenntnistheorie. Er besteht in dem Postulat: es muß im Gebiete des Gegebenen etwas liegen, wo unsere Tätigkeit nicht im Leeren schwebt, wo der Inhalt der Welt selbst in diese Tätigkeit eingeht.

Haben wir den Anfang der Erkenntnistheorie in der Weise bestimmt, daß wir ihn völlig *vor* die erkennende Tätigkeit legten, um durch kein Vorurteil innerhalb des Erkennens dieses selbst zu trüben, so bestimmen wir jetzt den ersten Schritt, den wir in unserer Entwickelung machen, auch so, daß von Irrtum oder Unrichtigkeit nicht die Rede sein kann. Denn wir fällen kein Urteil über irgend etwas, sondern zeigen nur die Forderung auf, die erfüllt werden muß, wenn überhaupt Erkenntnis zustande kommen soll. Es kommt alles darauf an, daß wir mit vollkommener kritischer Besonnenheit uns des folgenden bewußt sind: wir stellen das Charakteristikum selbst als Postulat auf, welches jener Teil des Weltinhalts haben muß, bei dem wir mit unserer Erkenntnistätigkeit einsetzen können.

Ein anderes ist aber auch durchaus unmöglich. Der Weltinhalt als gegebener ist ja ganz bestimmungslos. Kein Teil kann durch sich selbst den Anstoß geben, von ihm aus den Anfang zu einer Ordnung in diesem Chaos zu machen. Da muß also die erkennende Tätigkeit einen Machtspruch tun und sagen: so und so muß dieser Teil beschaffen sein. Ein solcher Machtspruch tastet auch das Gegebene in keiner Weise in seiner Qualität an. Er bringt keine willkürliche Behauptung in die Wissenschaft. Er behauptet eben gar nichts, sondern er sagt nur: wenn Erkenntnis als möglich erklärbar sein soll, dann muß nach einem Gebiet gesucht werden, wie es oben bezeichnet worden ist. Ist ein solches vorhanden, dann gibt es eine Erklärung des Erkennens; sonst nicht. Während wir den Anfang der Erkenntnistheorie mit dem «Gegebenen» im allgemeinen machten, schränken wir jetzt die Forderung darauf ein, einen bestimmten Punkt desselben ins Auge zu fassen.

Wir wollen nun an unsere Forderung näher herantreten. Wo finden wir irgend etwas in dem Weltbilde, das nicht bloß ein Gegebenes, sondern das nur insofern gegeben ist, als es zugleich ein im Erkenntnisakte Hervorgebrachtes ist?

Wir müssen uns vollständig klar darüber sein, daß wir dieses Hervorbringen in aller Unmittelbarkeit wieder gegeben haben müssen. Es dürfen nicht etwa Schlußfolgerungen nötig sein, um dasselbe zu erkennen. Daraus geht schon hervor, daß die Sinnesqualitäten nicht unserer Forderung genügen. Denn von dem Umstande, daß diese nicht ohne unsere Tätigkeit entstehen, wissen wir nicht unmittelbar, sondern nur durch physikalische und physiologische Erwägungen. Wohl aber wissen wir unmittelbar, daß Begriffe und Ideen immer erst im Erkenntnisakt und durch diesen in die Sphäre des Unmittelbar-Gegebenen eintreten. Daher täuscht sich auch kein Mensch über diesen Charakter der Begriffe und Ideen. Man kann eine Halluzination wohl für ein von außen Gegebenes halten, aber man wird niemals von seinen Begriffen glauben, daß sie ohne eigene Denkarbeit uns gegeben werden. Ein Wahnsinniger hält nur Dinge und Verhältnisse, die mit Prädikaten der «Wirklichkeit» ausgestattet sind, für real, obgleich sie es faktisch nicht sind; nie aber wird er von seinen Begriffen und Ideen sagen, daß sie ohne eigene Tätigkeit in die Welt des Gegebenen eintreten. Alles andere in unserem Weltbilde trägt eben einen solchen Charakter, daß es *gegeben* werden muß, wenn wir es erleben wollen; nur bei Begriffen und Ideen tritt noch das Umgekehrte ein: *wir müssen sie hervorbringen, wenn wir sie erleben wollen.* Nur die Begriffe und Ideen sind uns in der Form gegeben, die man die *intellektuelle Anschauung* genannt hat. Kant und die neueren an ihn anknüpfenden Philosophen sprechen dieses Vermögen dem Menschen vollständig ab, weil alles Denken sich nur auf Gegenstände beziehe und aus sich selbst absolut nichts hervorbringe. In der intellektuellen Anschauung muß mit der Denkform zugleich der Inhalt mitgegeben sein. Ist dies aber nicht bei den reinen Begriffen und Ideen[27] wirklich der Fall? Man muß sie nur in der Form betrachten, in der sie von allem empirischen Inhalt noch ganz frei sind. Wenn man z. B. den reinen Begriff der Kausalität erfassen will, darf man sich nicht an irgend eine bestimmte Kausalität oder an die Summe aller Kausalitäten halten, sondern an den bloßen Begriff derselben. Ursachen und Wirkungen müssen wir in der Welt aufsuchen, *Ursachlichkeit* als Gedankenform müssen wir selbst hervorbringen, ehe wir die ersteren in der Welt finden können. Wenn man aber an der Kant'schen Behauptung festhalten wollte, Begriffe ohne Anschauungen seien leer, so wäre es undenkbar, die Möglichkeit einer Bestimmung der gegebenen Welt durch Begriffe darzutun. Denn man nehme an, es seien zwei Elemente des Weltinhaltes gegeben: a und b. Soll ich zwischen denselben ein Verhältnis aufsuchen, so muß ich das an der Hand einer inhaltlich bestimmten Regel tun; diese kann ich aber nur im Erkenntnisakte selbst produzieren, denn aus dem Objekte kann ich sie deshalb nicht nehmen, weil die Bestimmungen dieses letzteren mit Hilfe der Regel eben erst gewonnen werden sollen. Eine solche Regel zur Bestimmung des Wirklichen geht also vollständig innerhalb der rein begrifflichen Entität auf.

27 Unter Begriff verstehe ich eine Regel, nach welcher die zusammenhanglosen Elemente der Wahrnehmung zu einer Einheit verbunden werden. Kausalität z. B. ist ein Begriff. Idee ist nur ein Begriff mit größerem Inhalt. Organismus, ganz abstrakt genommen, ist eine Idee.

Bevor wir nun weiterschreiten, wollen wir erst einen möglichen Einwand beseitigen. Es scheint nämlich, als ob unbewußt in unserem Gedankengange die Vorstellung des «Ich», des «persönlichen Subjekts» eine Rolle spiele, und daß wir diese Vorstellung in dem Fortschritte unserer Gedankenentwickelung benützen, ohne die Berechtigung dazu dargetan zu haben. Es ist das der Fall, wenn wir z. B. sagen: *«wir* bringen Begriffe hervor» oder *«wir* stellen diese oder jene Forderung». Aber nichts in unseren Ausführungen gibt Veranlassung, in solchen Sätzen mehr als stilistische Wendungen zu sehen. Daß der Erkenntnisakt einem «Ich» angehört und von demselben ausgeht, das kann, wie wir schon gesagt haben, nur auf Grund erkennender Erwägungen festgestellt werden. Eigentlich müßten wir vorläufig nur von dem Erkenntnisakt sprechen, ohne einen Träger desselben auch nur zu erwähnen. Denn alles, was bis jetzt feststeht, beschränkt sich darauf, daß ein «Gegebenes» vorliegt, und daß aus einem Punkte dieses «Gegebenen» das oben angeführte Postulat entspringt; endlich, daß Begriffe und Ideen das Gebiet sind, das diesem Postulate entspricht. Daß der Punkt, aus dem das Postulat entspringt, das «Ich» ist, soll damit nicht geleugnet werden. Aber wir beschränken uns fürs erste darauf, jene beiden Schritte der Erkenntnistheorie in ihrer Reinheit hinzustellen.

V.
ERKENNEN UND WIRKLICHKEIT

Begriffe und Ideen sind es also, in denen wir das gegeben haben, was zugleich über das Gegebene hinausführt. Damit aber ist die Möglichkeit geboten, auch das Wesen der übrigen Erkenntnistätigkeit zu bestimmen.

Wir haben durch ein Postulat aus dem gegebenen Weltbilde einen Teil ausgesondert, weil es in der Natur des Erkennens liegt, gerade von diesem so gearteten Teile auszugehen. Diese Aussonderung wurde also nur gemacht, um das Erkennen begreifen zu können. Damit müssen wir uns aber auch zugleich klar darüber sein, daß wir die Einheit des Weltbildes künstlich zerrissen haben. Wir müssen einsehen, daß das von uns aus dem Gegebenen abgetrennte Segment, abgesehen von unserer Forderung und außer derselben, in einer notwendigen Verbindung mit dem Weltinhalte stehe. Damit ist der nächste Schritt der Erkenntnistheorie gegeben. Er wird darinnen bestehen, die Einheit, welche behufs Ermöglichung der Erkenntnis zerrissen worden ist, wieder herzustellen. Diese Wiederherstellung geschieht in dem *Denken* über die gegebene Welt. In der denkenden Weltbetrachtung vollzieht sich tatsächlich die Vereinigung der zwei Teile des Weltinhalts: dessen, den wir als Gegebenes auf dem Horizonte unserer Erlebnisse überblicken, und dessen, der im Erkenntnisakt produziert werden muß, um auch gegeben zu sein. Der Erkenntnisakt ist die Synthese dieser beiden Elemente. Und zwar erscheint in jedem einzelnen

Erkenntnisakte das eine derselben als ein im Akte selbst Produziertes, durch ihn zu dem bloß Gegebenen Hinzugebrachtes. Nur im Anfange der Erkenntnistheorie selbst erscheint das sonst stets Produzierte als ein Gegebenes.

Die gegebene Welt mit Begriffen und Ideen durchdringen, ist aber *denkende* Betrachtung der Dinge. Das Denken ist somit tatsächlich der Akt, wodurch die Erkenntnis vermittelt wird. Nur wenn das Denken von sich aus den Inhalt des Weltbildes ordnet, kann Erkenntnis zustande kommen. Das Denken selbst ist ein Tun, das einen eigenen Inhalt im Momente des Erkennens hervorbringt. Soweit also der erkannte Inhalt aus dem Denken allein fließt, bietet er für das Erkennen keine Schwierigkeit. Hier brauchen wir bloß zu beobachten; und wir haben das Wesen unmittelbar gegeben. Die *Beschreibung* des Denkens ist zugleich die Wissenschaft des Denkens. In der Tat war auch die Logik nie etwas anderes als eine Beschreibung der Denkformen, nie eine beweisende Wissenschaft. Der Beweis tritt erst ein, wenn eine Synthesis des Gedachten mit anderweitigem Weltinhalte stattfindet. Mit Recht sagt daher *Gideon Spicker* in seinem Buche: «Lessings Weltanschauung» (S. 5): «Daß das Denken an sich richtig sei, können wir nie erfahren, weder empirisch, noch logisch.» Wir können hinzufügen: Beim Denken hört alles Beweisen auf. Denn der Beweis setzt bereits das Denken voraus. Man kann wohl ein einzelnes Faktum, nicht aber das Beweisen selbst beweisen. Wir können nur beschreiben, was ein Beweis ist. In der Logik ist alle Theorie nur Empirie; in dieser Wissenschaft gibt es nur Beobachtung. Wenn wir aber außer unserem Denken etwas erkennen wollen, so können wir das nur mit Hilfe des Denkens, d.h. das Denken muß an ein Gegebenes herantreten und es aus der chaotischen Verbindung in eine systematische mit dem Weltbilde bringen. Das Denken tritt also als formendes Prinzip an den gegebenen Weltinhalt heran. Der Vorgang dabei ist folgender. Es werden zunächst gedanklich gewisse Einzelheiten aus der Gesamtheit des Weltganzen herausgehoben. Denn im Gegebenen ist eigentlich kein Einzelnes, sondern alles in kontinuierlicher Verbindung. Diese gesonderten Einzelheiten bezieht nun das Denken nach Maßgabe der von ihm produzierten Formen aufeinander und bestimmt zuletzt, was sich aus dieser Beziehung ergibt. Dadurch, daß das Denken einen Bezug zwischen zwei abgesonderten Partien des Weltinhaltes herstellt, hat es gar nichts von sich aus über dieselben bestimmt. Es wartet ja ab, was sich infolge der Herstellung des Bezuges von selbst ergibt. Dieses Ergebnis erst ist eine Erkenntnis über die betreffenden Teile des Weltinhaltes. Läge es in der Natur des letztern, durch jenen Bezug überhaupt nichts über sich zu äußern: nun, dann müßte eben der Denkversuch mißlingen und ein neuer an seine Stelle treten. Alle Erkenntnisse beruhen darauf, daß der Mensch zwei oder mehrere Elemente der Wirklichkeit in die richtige Verbindung bringt und das sich hieraus Ergebende erfaßt.

Es ist zweifellos, daß wir nicht nur in den Wissenschaften, wo es uns die Geschichte derselben sattsam lehrt, sondern auch im gewöhnlichen Leben viele solche vergebliche Denkversuche machen; nur tritt in den einfachen Fällen, die uns doch zumeist begegnen, der richtige so rasch an die Stelle der falschen, daß uns diese letzteren gar nicht oder nur selten zum Bewußtsein kommen.

Kant schwebte diese von uns abgeleitete Tätigkeit des Denkens zum Behufe der systematischen Gliederung des Weltinhaltes bei seiner «synthetischen Einheit der Apperzeption» vor. Aber wie wenig sich derselbe die eigentliche Aufgabe des Denkens dabei zum Bewußtsein gebracht hat, geht daraus hervor, daß er glaubt, aus den Regeln, nach denen sich diese Synthesis vollzieht, lassen sich die Gesetze a priori der reinen Naturwissenschaft ableiten. Er hat dabei nicht bedacht, daß die synthetische Tätigkeit des Denkens nur eine solche ist, welche die Gewinnung der eigentlichen Naturgesetze *vorbereitet.* Denken wir uns, wir lösen irgend einen Inhalt a aus dem Weltbilde los, und ebenso einen andern b. Wenn es zur Erkenntnis eines gesetzmäßigen Zusammenhanges zwischen a und b kommen soll, so hat das Denken zunächst a in ein solches Verhältnis zu b zu bringen, durch das es möglich wird, daß sich uns die bestehende Abhängigkeit als gegebene darstellt. Der eigentliche Inhalt eines Naturgesetzes resultiert also aus dem Gegebenen, und dem Denken kommt es bloß zu, die Gelegenheit herbeizuführen, durch die die Teile des Weltbildes in solche Verhältnisse gebracht werden, daß ihre Gesetzmäßigkeit ersichtlich wird. Aus der bloßen synthetischen Tätigkeit des Denkens folgen also keinerlei objektive Gesetze.

Wir müssen uns nun fragen, welchen Anteil hat das Denken bei der Herstellung unseres wissenschaftlichen im Gegensatz zum bloß gegebenen Weltbilde? Aus unserer Darstellung folgt, daß es die Form der Gesetzmäßigkeit besorgt. Nehmen wir in unserem obigen Schema an, daß a die Ursache, b die Wirkung sei. Es könnte der kausale Zusammenhang von a und b nie Erkenntnis werden, wenn das Denken nicht in der Lage wäre, den Begriff der Kausalität zu bilden. Aber um im gegebenen Falle a als Ursache, b als Wirkung zu erkennen, dazu ist notwendig, daß jene beiden dem entsprechen, was unter Ursache und Wirkung verstanden wird. Ebenso steht es mit anderen Kategorien des Denkens.

Es wird zweckmäßig sein, hier auf die Ausführungen Humes über den Begriff der Kausalität mit einigen Worten hinzuweisen. Hume sagt, die Begriffe von Ursache und Wirkung haben ihren Ursprung lediglich in unserer *Gewohnheit.* Wir beobachten öfters, daß auf ein gewisses Ereignis ein anderes folgt, und gewöhnen uns daran, die beiden in Kausalverbindung zu denken, so daß wir erwarten, daß das zweite eintritt, wenn wir das erste bemerken. Diese Auffassung geht aber von einer ganz irrigen Vorstellung von dem Kausalitätsverhältnis aus. Begegne ich durch eine Reihe von Tagen immer demselben Menschen, wenn ich aus dem Tore meines Wohnhauses trete, so werde ich mich zwar nach und nach gewöhnen, die zeitliche Folge der beiden Ereignisse zu erwarten, aber es wird mir gar nicht einfallen, hier einen Kausalzusammenhang zwischen meinem und des andern Menschen Erscheinen an demselben Orte zu konstatieren. Ich werde noch wesentlich andere Teile des Weltinhaltes aufsuchen, um die unmittelbare Folge der angeführten Tatsachen zu erklären. Wir bestimmen den Kausalzusammenhang eben durchaus nicht nach der zeitlichen Folge, sondern nach der inhaltlichen Bedeutung der als Ursache und Wirkung bezeichneten Teile des Weltinhaltes.

Daraus, daß das Denken nur eine formale Tätigkeit beim Zustandebringen unseres wissenschaftlichen Weltbildes ausübt, folgt: der Inhalt eines jeden Erkenntnisses kann kein a priori vor der Beobachtung (Auseinandersetzung des Denkens mit dem Gegebenen) feststehender sein, sondern muß restlos aus der letzteren hervorgehen. In diesem Sinne sind alle unsere Erkenntnisse empirisch. Es ist aber auch gar nicht zu begreifen, wie das anders sein sollte. Denn die Kant'schen Urteile a priori sind im Grunde gar keine Erkenntnisse, sondern nur Postulate. Man kann im Kant'schen Sinne immer nur sagen: wenn ein Ding Objekt einer möglichen Erfahrung werden soll, dann muß es sich diesen Gesetzen fügen. Das sind also Vorschriften, die das Subjekt den Objekten macht. Man sollte aber doch glauben, wenn uns Erkenntnisse von dem Gegebenen zuteil werden sollen, so müssen dieselben nicht aus der Subjektivität, sondern aus der Objektivität fließen.

Das Denken sagt nichts a priori über das Gegebene aus, aber es stellt jene Formen her, durch deren Zugrundelegung a posteriori die Gesetzmäßigkeit der Erscheinungen zum Vorschein kommt.

Es ist klar, daß diese Ansicht über die Grade der Gewißheit, die ein gewonnenes Erkenntnisurteil hat, a priori nichts ausmachen kann. Denn auch die Gewißheit kann aus nichts anderem denn aus dem Gegebenen selbst gewonnen werden. Es läßt sich dagegen einwenden, daß die Beobachtung nie etwas anderes sage, als daß einmal irgendein Zusammenhang der Erscheinungen stattfindet, *nicht* aber, daß er stattfinden muß und in gleichem Falle immer stattfinden wird. Aber auch diese Annahme ist eine irrtümliche. Denn wenn ich einen gewissen Zusammenhang zwischen Teilen des Weltbildes erkenne, so ist er in unserem Sinne nichts anderes, als was aus diesen Teilen selbst sich ergibt, es ist nichts, was ich zu diesen Teilen hinzudenke, sondern etwas, was wesentlich zu denselben gehört, was also notwendig dann immer da sein muß, wenn sie selbst da sind.

Nur eine Ansicht, die davon ausgeht, daß alles wissenschaftliche Treiben nur darinnen bestehe, die Tatsachen der Erfahrung nach außer denselben liegenden, subjektiven Maximen zu verknüpfen, kann glauben, daß a und b heute nach diesem, morgen nach jenem Gesetze verknüpft sein können (J. St. Mill). Wer aber einsieht, daß die Naturgesetze aus dem Gegebenen stammen, somit dasjenige sind, was den Zusammenhang der Erscheinungen ausmacht und bestimmt, dem wird es gar nicht einfallen, von einer bloß komparativen Allgemeinheit der aus der Beobachtung gewonnenen Gesetze zu sprechen. Damit wollen wir natürlich nicht behaupten, daß die von uns einmal als richtig angenommenen Naturgesetze auch unbedingt gültig sein müssen. Aber wenn ein späterer Fall ein aufgestelltes Gesetz umstößt, dann rührt dies nicht davon her, daß dasselbe das erstemal nur mit komparativer Allgemeinheit hat gefolgert werden können, sondern davon, daß es auch dazumal nicht vollkommen richtig gefolgert war. Ein echtes Naturgesetz ist nichts anderes als der Ausdruck eines Zusammenhanges im gegebenen Weltbilde, und es ist ebensowenig ohne die Tatsachen da, die es regelt, wie diese ohne jenes da sind.

Wir haben es oben als die Natur des Erkenntnisaktes bestimmt, daß das gegebene Weltbild denkend mit Begriffen und Ideen durchsetzt wird. Was folgt aus dieser Tatsache? Wäre in dem Unmittelbar-Gegebenen eine abgeschlossene Ganzheit enthalten, dann wäre eine solche Bearbeitung desselben im Erkennen unmöglich und auch unnötig. Wir würden dann einfach das Gegebene hinnehmen, wie es ist, und wären in dieser Gestalt davon befriedigt. Nur wenn in dem Gegebenen etwas verborgen liegt, was noch *nicht* erscheint, wenn wir es in seiner Unmittelbarkeit betrachten, sondern erst mit Hilfe der vom Denken hineingebrachten Ordnung, dann ist der Erkenntnisakt möglich. Was in dem Gegebenen *vor* der gedanklichen Verarbeitung liegt, ist nicht dessen volle Ganzheit.

Dies wird sogleich noch deutlicher, wenn wir auf die im Erkenntnisakt in Betracht kommenden Faktoren näher eingehen. Der erste derselben ist das Gegebene. Das Gegebensein ist keine Eigenschaft des Gegebenen, sondern nur ein Ausdruck für dessen Verhältnis zu dem zweiten Faktor des Erkenntnisaktes. Was das Gegebene seiner eigenen Natur nach ist, bleibt also durch diese Bestimmung völlig im Dunkeln. Den zweiten Faktor, den begrifflichen Inhalt des Gegebenen, findet das Denken im Erkenntnisakte als notwendig mit dem Gegebenen verbunden. Wir fragen uns nun: 1. Wo besteht die Trennung von Gegebenem und Begriff? 2. Wo liegt die Vereinigung derselben? Die Beantwortung dieser beiden Fragen ist ohne Zweifel in unseren vorangehenden Untersuchungen gegeben. Die Trennung besteht lediglich im Erkenntnisakte, die Verbindung liegt im Gegebenen. Daraus geht mit Notwendigkeit hervor, daß der begriffliche Inhalt nur ein Teil des Gegebenen ist, und daß der Erkenntnisakt darinnen besteht, die für ihn zunächst getrennt gegebenen Bestandteile des Weltbildes miteinander zu vereinigen.

Das gegebene Weltbild wird somit erst vollständig durch jene mittelbare Art Gegebenseins, die durch das Denken herbeigeführt wird. Durch die Form der Unmittelbarkeit zeigt sich das Weltbild zuerst in einer ganz unvollständigen Gestalt.

Wäre in dem Weltinhalte von vorneherein der Gedankeninhalt mit dem Gegebenen vereinigt, dann gäbe es kein Erkennen. Denn es könnte nirgends das Bedürfnis entstehen, über das Gegebene hinauszugehen. Würden wir aber mit dem Denken und in demselben allen Inhalt der Welt erzeugen, dann gäbe es ebensowenig ein Erkennen. Denn was wir selbst produzieren, brauchen wir nicht zu erkennen. Das Erkennen beruht also darauf, daß uns der Weltinhalt ursprünglich in einer Form gegeben ist, die unvollständig ist, die ihn nicht ganz enthält, sondern die außer dem, was sie unmittelbar darbietet, noch eine zweite wesentliche Seite hat. Diese zweite, ursprünglich nicht gegebene Seite des Weltinhaltes wird durch die Erkenntnis enthüllt. Was uns im Denken abgesondert erscheint, sind also nicht *leere* Formen, sondern eine Summe von Bestimmungen (Kategorien), die aber für den übrigen Weltinhalt Form sind. *Erst die durch die Erkenntnis gewonnene Gestalt des Weltinhaltes, in der beide aufgezeigte Seiten desselben vereinigt sind, kann* **Wirklichkeit** *genannt werden.*

VI. DIE VORAUSSETZUNGSLOSE ERKENNTNISTHEORIE UND FICHTES WISSENSCHAFTSLEHRE

Mit den bisherigen Ausführungen haben wir die Idee der Erkenntnis festgestellt. Unmittelbar gegeben ist diese Idee nun im menschlichen Bewußtsein, insofern es sich erkennend verhält. Dem «Ich» als Mittelpunkt[28] des Bewußtseins ist die äußere und innere Wahrnehmung und sein eigenes Dasein unmittelbar gegeben. Das Ich fühlt den Drang, in diesem Gegebenen mehr zu finden, als was *unmittelbar* gegeben ist. Es geht ihm gegenüber der gegebenen Welt die zweite, die des Denkens auf, und es verbindet die beiden dadurch, daß es aus freiem Entschluß das verwirklicht, was wir als Idee des Erkennens festgestellt haben. Hierinnen liegt nun ein Grundunterschied zwischen der Art, wie sich im Objekt des menschlichen Bewußtseins selbst Begriff und Unmittelbar-Gegebenes zur totalen Wirklichkeit verbunden zeigen, und jener, die dem übrigen Weltinhalte gegenüber Geltung hat. Bei jedem andern Teil des Weltbildes müssen wir uns vorstellen, daß die Verbindung das Ursprüngliche, von vorneherein Notwendige ist, und daß nur am Beginne des Erkennens *für die Erkenntnis* eine künstliche Trennung eingetreten ist, die aber zuletzt durch das Erkennen, der ursprünglichen Wesenheit des Objektiven gemäß, wieder

28 Es braucht wohl kaum gesagt zu werden, daß wir mit der Bezeichnung «Mittelpunkt» hier nicht eine theoretische Ansicht über die Natur des Bewußtseins verknüpft wissen wollen, sondern daß wir sie nur als stilistische Abkürzung für die Gesamtphysiognomie des Bewußtseins gebrauchen.

aufgehoben wird. Beim menschlichen Bewußtsein ist das anders. Hier ist die Verbindung nur vorhanden, wenn sie in wirklicher Tätigkeit vom Bewußtsein vollzogen wird. Bei jedem andern Objekte hat die Trennung für das Objekt keine Bedeutung, sondern nur für die Erkenntnis. Die Verbindung ist hier das erste, die Trennung das Abgeleitete. Das Erkennen vollzieht nur die Trennung, weil es sich auf seine Art nicht in den Besitz der Verbindung setzen kann, wenn es nicht vorher getrennt hat. Begriff und gegebene Wirklichkeit des Bewußtseins aber sind ursprünglich getrennt, die Verbindung ist das Abgeleitete, und deswegen ist das Erkennen so beschaffen, wie wir es geschildert haben. Weil im Bewußtsein notwendig Idee und Gegebenes getrennt auftreten, deswegen spaltet sich für dasselbe die gesamte Wirklichkeit in diese zwei Teile, und weil das Bewußtsein nur durch eigene Tätigkeit die Verbindung der beiden genannten Elemente bewirken kann, deshalb gelangt es nur durch Verwirklichung des Erkenntnisaktes zur *vollen Wirklichkeit.* Die übrigen Kategorien (Ideen) wären auch dann notwendig mit den entsprechenden Formen des Gegebenen verknüpft, wenn sie nicht in die Erkenntnis aufgenommen würden; die Idee des Erkennens kann mit dem ihr entsprechenden Gegebenen nur durch die Tätigkeit des Bewußtseins vereinigt werden. Ein *wirkliches* Bewußtsein existiert nur, wenn es sich selbst verwirklicht. Damit glauben wir genügend vorbereitet zu sein, um den Grundfehler von Fichtes «Wissenschaftslehre» bloßzulegen und zugleich den Schlüssel zu ihrem Verständnis zu liefern. Fichte ist derjenige Philosoph, welcher unter Kants Nachfolgern am lebhaftesten gefühlt hat, daß eine Grundlegung aller Wissenschaften nur in einer Theorie des Bewußtseins bestehen könne; aber er kam nie zur Erkenntnis, warum das so ist. Er empfand, daß dasjenige, was wir als zweiten Schritt der Erkenntnistheorie bezeichnen, und dem wir die Form eines Postulates geben, von dem «Ich» wirklich ausgeführt werden müsse. Wir ersehen dies z.B. aus seinen folgenden Worten: «Die Wissenschaftslehre entsteht also, insofern sie eine systematische Wissenschaft sein soll, geradeso wie alle möglichen Wissenschaften, insoferne sie systematisch sein sollen, durch eine Bestimmung der Freiheit; welche letztere hier insbesondere bestimmt ist, die Handlungsart der Intelligenz überhaupt zum Bewußtsein zu erheben; ... Durch diese freie Handlung wird nun etwas, das schon an sich Form ist, die notwendige Handlung der Intelligenz, als Gehalt in eine neue Form, die Form des Wissens oder des Bewußtseins aufgenommen. . .»[29] Was ist hier unter Handlungsart der «Intelligenz» zu verstehen, wenn man das, was dunkel gefühlt ist, in klaren Begriffen ausspricht? Nichts anderes als die im Bewußtsein sich vollziehende Verwirklichung der Idee des Erkennens. Wäre Fichte sich dessen vollkommen klar bewußt gewesen, dann hätte er den obigen Satz einfach so formulieren müssen: Die Wissenschaftslehre hat das Erkennen, insoferne es noch unbewußte Tätigkeit des «Ich» ist, zum Bewußtsein zu erheben; sie hat zu zeigen, daß im «Ich» als notwendige Handlung die Objektivierung der Idee des Erkennens ausgeführt wird.

29 Über den Begriff der Wissenschaftslehre oder der sogenannten Philosophie (1794). Sämtliche Werke, herausgegeben von J. H. Fichte, Berlin 1845, Bd. I, S. 71f.

Fichte will die Tätigkeit des «Ich» bestimmen. Er findet: *«Dasjenige, dessen Sein (Wesen) bloß darin besteht, daß es sich selbst als seiend setzt,* ist das Ich, als absolutes Subjekt.»[30] Dieses Setzen des Ich ist für Fichte die erste unbedingte Tathandlung, die allem übrigen «Bewußtsein zum Grunde liegt»[31]. Das Ich kann also im Sinne Fichtes auch nur durch einen absoluten Entschluß alle seine Tätigkeit beginnen. Aber für Fichte ist es unmöglich, dieser seiner vom Ich absolut gesetzten Tätigkeit zu irgendeinem Inhalte ihres Tuns zu verhelfen. Denn er hat nichts, worauf sich diese Tätigkeit richten, wonach sie sich bestimmen soll. Sein Ich soll eine Tathandlung vollziehen; aber *was* soll es tun? Weil Fichte den Begriff der Erkenntnis nicht aufstellte, den das Ich verwirklichen soll, deshalb rang er vergeblich, irgendeinen Fortgang von seiner absoluten Tathandlung zu den weiteren Bestimmungen des Ich zu finden. Ja, er erklärt zuletzt in bezug auf einen solchen Fortgang, «daß die Untersuchung hierüber außerhalb der Grenzen der Theorie liege. Er [der kritische Idealismus; d. Hg.] geht in seiner Deduktion der Vorstellung weder von einer absoluten Tätigkeit des Ich noch des Nicht-Ich, sondern von einem Bestimmtsein aus, das zugleich ein Bestimmen ist, weil im Bewußtsein unmittelbar nichts anderes enthalten ist, noch enthalten sein kann. Was diese Bestimmung wieder bestimmen möge, bleibt in der Theorie gänzlich unentschieden; und durch diese Unvollständigkeit werden wir denn auch über die Theorie hinaus in einen praktischen Teil der Wissenschaftslehre

30 Grundlage der gesamten Wissenschaftslehre. Sämtl. Werke I, S. 97.
31 Sämtliche Werke I, S. 91.

getrieben.»[32] Durch diese Erklärung vernichtet aber Fichte überhaupt alles Erkennen. Denn die praktische Tätigkeit des Ich gehört in ein ganz anderes Gebiet. Daß das von uns oben aufgestellte Postulat nur durch eine freie Handlung des Ich realisiert werden kann, ist ja klar; aber wenn das Ich sich erkennend verhalten soll, so kommt es gerade darauf an, daß die Entschließung desselben dahin geht, die Idee des Erkennens zu verwirklichen. Es ist ja gewiß richtig, daß das Ich aus freiem Entschluß noch vieles andere vollführen kann. Aber nicht auf eine Charakteristik des *«freien»*, sondern auf eine solche des *«erkennenden»* Ich kommt es bei der erkenntnistheoretischen Grundlegung aller Wissenschaften an. Fichte hat sich aber von seinem subjektiven Hange, die Freiheit der menschlichen Persönlichkeit in das hellste Licht zu stellen, allzusehr beeinflussen lassen. Mit Recht bemerkt Harms in seiner Rede über die Philosophie Fichtes (S. 12): Seine Weltansicht ist «eine vorherrschend und ausschließlich ethische», und seine Erkenntnistheorie trägt keinen anderen Charakter. Das Erkennen hätte absolut keine Aufgabe, wenn alle Gebiete der Wirklichkeit in ihrer Totalität gegeben wären. Da nun aber das Ich, solange es nicht vom Denken in das systematische Ganze des Weltbildes eingefügt ist, auch nichts anderes ist als ein unmittelbar Gegebenes, so genügt ein bloßes Aufzeigen seines Tuns durchaus nicht. Fichte jedoch ist der Ansicht, daß beim Ich mit dem bloßen *Aufsuchen* schon alles getan sei. «Wir haben den absolut-ersten, schlechthin unbedingten Grundsatz alles menschlichen Wissens *aufzusuchen. Beweisen* oder *bestimmen* läßt er sich nicht,

32 Sämtliche Werke I, S. 178.

wenn er absolut-erster Grundsatz sein soll.»[33] Wir haben gesehen, daß das Beweisen und Bestimmen einzig und allein dem Inhalte der reinen Logik gegenüber nicht am Platze ist. Das Ich gehört aber der Wirklichkeit an, und da ist es notwendig, das Vorhandensein dieser oder jener Kategorie im Gegebenen festzustellen. Fichte tat das nicht. Und hierinnen ist der Grund zu suchen, warum er seiner Wissenschaftslehre eine so verfehlte Gestalt gab. Zeller bemerkt[34], daß die logischen Formeln, durch die Fichte zu dem Ich-Begriff kommen will, nur schlecht den Umstand verhüllen, daß dieser eigentlich um jeden Preis den schon vorgefaßten Zweck erreichen wolle, zu diesem Anfangspunkte zu kommen. Diese Worte beziehen sich auf die erste Gestalt, die Fichte 1794 seiner Wissenschaftslehre gab. Wenn wir daran festhalten, daß Fichte in der Tat, der ganzen Anlage seines Philosophierens nach, nichts wollen konnte, als die Wissenschaft durch einen absoluten Machtspruch beginnen zu lassen, so gibt es ja nur zwei Wege, die dieses Beginnen verständlich erscheinen lassen. Der eine war der, das Bewußtsein bei irgendeiner seiner empirischen Tätigkeiten anzufassen und durch allmähliche Losschälung alles dessen, was nicht ursprünglich aus demselben folgt, den reinen Begriff des Ich herauszukristallisieren. Der andere Weg aber war, gleich bei der ursprünglichen Tätigkeit des «Ich» einzusetzen und dessen Natur durch Selbstbesinnung und Selbstbeobachtung aufzuzeigen. Den ersten Weg schlug Fichte am Beginne seines Philosophierens ein; im Verlaufe desselben ging er jedoch allmählich zum zweiten über.

33 Sämtliche Werke I, S. 91.

34 Geschichte der deutschen Philosophie seit Leibniz, München 1873, S. 605.

An die Synthesis der «transzendentalen Apperzeption» bei Kant anknüpfend, fand Fichte, daß alle Tätigkeit des Ich in der Zusammenfügung des Stoffes der Erfahrung nach den Formen des Urteils bestehe. Das Urteilen besteht in dem Verknüpfen des Prädikats mit dem Subjekte, was in rein formaler Weise durch den Satz ausgedrückt wird: a = a. Dieser Satz wäre unmöglich, wenn das x, das beide a verbindet, nicht auf einem Vermögen schlechthin zu setzen beruhte. Denn der Satz bedeutet ja nicht: a ist, sondern: wenn a ist, so ist a. Also von einem absoluten Setzen des a kann nicht die Rede sein. So bleibt denn nichts, um überhaupt zu einem absoluten, schlechthin Gültigen zu kommen, als das Setzen selbst für absolut zu erklären. Während das a bedingt ist, ist das Setzen des a unbedingt. Dieses Setzen ist aber eine Tathandlung des Ich. Dem Ich kommt somit eine Fähigkeit zu, schlechthin und unbedingt zu setzen. In dem Satze a = a wird das eine a nur gesetzt, indem das andere vorausgesetzt wird; und zwar wird es durch das Ich gesetzt. «Wenn a *im Ich* gesetzt ist, so *ist es gesetzt.*»[35] Dieser Zusammenhang ist nur unter der Bedingung möglich, daß im Ich etwas sich immer Gleichbleibendes sei, etwas, was von einem a zum andern hinüberführt. Und das oben erwähnte x beruht auf diesem Gleichbleibenden. Das Ich, welches das eine a setzt, ist dasselbe wie jenes, welches das andere setzt. Das heißt aber Ich = Ich. Dieser Satz in Form des Urteiles ausgedrückt: Wenn Ich ist, so ist es – hat keinen Sinn. Das Ich wird ja nicht unter der Voraussetzung eines andern gesetzt, sondern es setzt nur sich selbst voraus. Das heißt aber: es ist schlechthin und unbedingt. Die hypotheti-

35 Sämtliche Werke I, S. 94.

sche Form des Urteils, die ohne die Voraussetzung des absoluten Ich allem Urteilen zukommt, verwandelt sich hier in die Form des absoluten Existenzialsatzes: *Ich bin* schlechtweg. Fichte drückt dies auch noch folgendermaßen aus: «*Das Ich setzt ursprünglich schlechthin sein eigenes Sein.*»[36] Wir sehen, daß diese ganze Ableitung Fichtes nichts ist als eine Art pädagogischer Auseinandersetzung, um seine Leser dahin zu führen, wo ihnen die Erkenntnis der unbedingten Tätigkeit des Ich aufgeht. Es soll denselben jene Handlung des Ich klar vor Augen gebracht werden, ohne deren Vollzug überhaupt gar kein Ich ist.

Wir wollen nun auf Fichtes Gedankengang noch einmal zurückblicken. Bei schärferem Zusehen stellt sich nämlich heraus, daß in demselben ein Sprung ist, und zwar ein solcher, der die Richtigkeit der Anschauung von der ursprünglichen Tathandlung in Frage stellt. Was ist denn eigentlich wirklich absolut in dem Setzen des Ich? Es wird geurteilt: Wenn a ist, so ist a. Das a wird vom Ich gesetzt. Über dieses Setzen kann also kein Zweifel obwalten. Aber wenn auch als Tätigkeit unbedingt, so kann das Ich doch nur *irgend etwas* setzen. Es kann nicht die «Tätigkeit an und für sich», sondern nur eine bestimmte Tätigkeit setzen. Kurz: das Setzen muß einen Inhalt haben. Diesen kann es aber nicht aus sich selbst nehmen, denn sonst könnte es nichts weiter als ewig nur das Setzen setzen. Es muß also für das Setzen, für die absolute Tätigkeit des Ich etwas geben, das durch sie realisiert wird. Ohne daß das Ich zu einem Gegebenen greift, das es setzt, kann es überhaupt *«nichts»*, folglich *nicht* setzen. Das zeigt auch der Fichte'sche Satz: Das Ich setzt

36 Sämtliche Werke I, S. 98.

sein Sein. Dieses Sein ist eine Kategorie. Wir sind wieder bei unserem Satze: Die Tätigkeit des Ich beruht darauf, daß das Ich aus eigenem freiem Entschluss die Begriffe und Ideen des Gegebenen setzt. Nur dadurch, daß Fichte unbewußt darauf ausgeht, das Ich als «Seiendes» nachzuweisen, kommt er zu seinem Resultate. Hätte er den Begriff des Erkennens entwickelt, so wäre er zu dem wahren Ausgangspunkte der Erkenntnistheorie gekommen: *Das Ich setzt das Erkennen.* Da Fichte sich nicht klarmachte, wodurch die Tätigkeit des Ich bestimmt wird, bezeichnete er einfach das Setzen des Seins als Charakter dieser Tätigkeit. Damit hatte er aber auch die absolute Tätigkeit des Ich beschränkt. Denn ist nur das «Sein-Setzen» des Ich unbedingt, dann ist ja alles andere, was vom Ich ausgeht, bedingt. Aber es ist auch jeder Weg abgeschnitten, um vom Unbedingten zum Bedingten zu kommen. Wenn das Ich nur nach der bezeichneten Richtung hin unbedingt ist, dann hört sofort die Möglichkeit für dasselbe auf, etwas anderes als sein eigenes Sein durch einen ursprünglichen Akt zu setzen. Es tritt somit die Notwendigkeit ein, den Grund für alle andere Tätigkeit des Ich anzugeben. Fichte suchte nach einem solchen vergebens, wie wir oben bereits gesehen haben.

Daher wandte er sich zu dem andern der oben bezeichneten Wege behufs Ableitung des Ich. Schon 1797 in der «Ersten Einleitung in die Wissenschaftslehre» empfiehlt er die Selbstbeobachtung als das Richtige, um das Ich in seinem ureigenen Charakter zu erkennen. «Merke auf dich selbst: kehre deinen Blick von allem, was dich umgibt, ab und in dein Inneres – ist die erste Forderung, welche die Philosophie an ihren Lehrling tut. Es ist von nichts, was außer dir ist, die Rede, sondern lediglich von dir selbst.»[37] Diese Art, die Wissenschaftslehre einzuleiten, hat allerdings vor der andern einen großen Vorzug. Denn die Selbstbeobachtung liefert ja die Tätigkeit des Ich in der Tat nicht einseitig nach einer bestimmten Richtung hin, sie zeigt es nicht bloß Sein-setzend, sondern sie zeigt es in seiner allseitigen Entfaltung, wie es denkend den unmittelbar gegebenen Weltinhalt zu begreifen sucht. Der Selbstbeobachtung zeigt sich das Ich, wie es sich das Weltbild aus dem Zusammenfügen von Gegebenem und Begriff aufbaut. Aber für denjenigen, der unsere obige Betrachtung nicht mit durchgemacht hat – der also nicht weiß, daß das Ich nur dann zum ganzen Inhalte der Wirklichkeit kommt, wenn es mit seinen Denkformen an das *Gegebene* herantritt –, für den erscheint der Erkenntnisprozeß als ein Herausspinnen der Welt aus dem Ich. Für Fichte wird das Weltbild daher immer mehr zu einer Konstruktion des Ich. Er betont immer stärker, daß es in der Wissenschaftslehre darauf ankomme, den Sinn zu erwecken, der imstande ist, das Ich bei diesem Konstruieren der Welt zu belauschen. Wer dies vermag, erscheint ihm auf einer höheren Wissensstufe als derjenige, der nur das Konstruierte, das fertige Sein sieht. Wer nur die Welt der Objekte betrachtet, der erkennt nicht, daß sie vom Ich erst geschaffen werden. Wer aber das Ich in seinem Konstruieren betrachtet, der sieht den *Grund* des fertigen Weltbildes; er weiß, wodurch es geworden, es erscheint ihm als Folge, zu dem ihm die Voraussetzungen gegeben sind. Das gewöhnliche Bewußtsein sieht nur dasjenige, was gesetzt ist, was in dieser oder jener Weise bestimmt

37 Sämtliche Werke I, S. 422.

ist. Es fehlt ihm die Einsicht in die Vordersätze, in die Gründe: warum es gerade so gesetzt ist und nicht anders. Das Wissen um diese Vordersätze zu vermitteln, ist nach Fichte die Aufgabe eines ganz neuen Sinnes. Am deutlichsten ausgesprochen finde ich dies in den «Einleitungsvorlesungen in die Wissenschaftslehre. Vorgelesen im Herbste 1813 auf der Universität zu Berlin»: *«Diese Lehre setzt voraus ein ganz neues inneres Sinneswerkzeug, durch welches eine neue Welt gegeben wird, die für den gewöhnlichen Menschen gar nicht vorhanden ist.»* Oder: «Die Welt des neuen Sinnes und dadurch er selbst ist vorläufig klar bestimmt: sie ist das Sehen der Vordersätze, auf die das Urteil: es *ist* etwas, sich gründet; der *Grund* des Seins, der eben darum, weil er dies ist, nicht selbst wieder ist und ein Sein ist.»[38]

Die klare Einsicht in den Inhalt der vom Ich ausgeführten Tätigkeit fehlt aber Fichte auch hier. Er ist nie zu derselben durchgedrungen. Deshalb konnte seine Wissenschaftslehre das nicht werden, was sie sonst, ihrer ganzen Anlage nach, hätte werden müssen: eine Erkenntnistheorie als philosophische Grundwissenschaft. War nämlich einmal erkannt, daß die Tätigkeit des Ich von diesem selbst *gesetzt* werden muß, so lag nahe, daran zu denken, daß sie auch vom Ich ihre Bestimmung erhält. Wie kann das aber anders geschehn, als indem man dem rein formellen Tun des Ich einen Inhalt gibt. Soll dieser aber wirklich durch das Ich in dessen sonst ganz unbestimmte Tätigkeit hineingelegt werden, so muß derselbe auch seiner Natur nach bestimmt werden. Sonst könn-

38 J. G. Fichtes nachgelassene Werke, herausgegeben von I. H. Fichte, Bd. I, Bonn 1834, S. 4 und S. 16.

te er doch höchstens durch ein im Ich liegendes «Ding an sich», dessen Werkzeug das Ich ist, nicht aber durch letzteres selbst realisiert werden. Hätte Fichte diese Bestimmung versucht, dann wäre er aber zum Begriffe der Erkenntnis gekommen, der von dem Ich verwirklicht werden soll. Fichtes Wissenschaftslehre ist ein Beleg dafür, daß es selbst dem scharfsinnigsten Denken nicht gelingt, auf irgendeinem Felde fruchtbringend einzuwirken, wenn man nicht zu der richtigen Gedankenform (Kategorie, Idee) kommt, die, mit dem Gegebenen ergänzt, die Wirklichkeit gibt. Es geht einem solchen Betrachter so, wie jenem Menschen, dem die herrlichsten Melodien geboten werden, und der sie gar nicht hört, weil er keine Empfindung für Melodie hat. Das Bewußtsein, als Gegebenes, kann nur der charakterisieren, der sich in den Besitz der «Idee des Bewußtseins» zu setzen weiß.

Fichte ist einmal sogar der richtigen Einsicht ganz nahe. Er findet 1797 in den «Einleitungen zur Wissenschaftslehre», es gäbe zwei theoretische Systeme, den Dogmatismus, der das Ich von den Dingen, und den Idealismus, der die Dinge vom Ich bestimmt sein läßt. Beide stehen, nach seiner Ansicht, als mögliche Weltanschauungen fest. Der eine wie der andere gestatte eine konsequente Durchführung. Aber wenn wir uns dem Dogmatismus ergeben, dann müssen wir die Selbständigkeit des Ich aufgeben und dasselbe vom Ding an sich abhängig machen. Im umgekehrten Falle sind wir, wenn wir dem Idealismus huldigen. Welches der Systeme der eine oder der andere Philosoph wählen will, das stellt Fichte lediglich dem Belieben des Ich anheim. Wenn dasselbe aber seine Selbständigkeit wahren wolle, so hebe es den Glauben an die Dinge außer uns auf und ergebe sich dem *Idealismus.*

Nun hätte es nur noch der Überlegung bedurft, daß das Ich ja zu gar keiner wirklichen, gegründeten Entscheidung und Bestimmung kommen kann, wenn es nicht etwas voraussetzt, welches ihm zu einer solchen verhilft. Alle Bestimmung vom Ich aus bliebe leer und inhaltlos, wenn das Ich nicht etwas Inhaltvolles, durch und durch Bestimmtes findet, was ihm die Bestimmung des Gegebenen möglich macht, und damit auch zwischen Idealismus und Dogmatismus die Wahl treffen läßt. Dieses durch und durch Inhaltsvolle ist aber die Welt des Denkens. Und das Gegebene durch das Denken bestimmen heißt *Erkennen.* Wir mögen Fichte anfassen, wo wir wollen: überall finden wir, daß sein Gedankengang sofort Hand und Fuß gewinnt, wenn wir die bei ihm ganz graue, leere Tätigkeit des Ich erfüllt und geregelt denken von dem, was wir Erkenntnisprozeß genannt haben.

Der Umstand, daß das Ich durch Freiheit sich in Tätigkeit versetzen kann, macht es ihm möglich, aus sich heraus, durch Selbstbestimmung die Kategorie des Erkennens zu realisieren, während in der übrigen Welt die Kategorien sich durch objektive Notwendigkeit mit dem ihnen korrespondierenden Gegebenen verknüpft erweisen. Das Wesen der freien Selbstbestimmung zu untersuchen, wird die Aufgabe einer auf unsere Erkenntnistheorie gestützten Ethik und Metaphysik sein. Diese werden auch die Frage zu erörtern haben, ob das Ich auch noch andere Ideen, außer der Erkenntnis, zu realisieren vermag. Daß die Realisierung des Erkennens durch Freiheit geschieht, geht aber aus den oben gemachten Anmerkungen bereits klar hervor. Denn wenn das Unmittelbar-Gegebene und die dazugehörige Form des Denkens durch das Ich im Erkenntnisprozeß vereinigt werden, so kann die Vereinigung der sonst immer getrennt im Bewußtsein verbleibenden zwei Elemente der Wirklichkeit nur durch einen Akt der Freiheit geschehen.

Durch unsere Ausführungen wird aber noch in ganz anderer Weise Licht auf den kritischen Idealismus geworfen. Demjenigen, der sich eingehend mit Fichtes System befaßt hat, erscheint es wie eine Herzensangelegenheit dieses Philosophen, den Satz aufrechtzuerhalten, daß in das Ich nichts von außen hineinkommen kann, daß nichts in demselben auftritt, was nicht ursprünglich von demselben selbst gesetzt wird. Nun ist aber außer Frage, daß kein Idealismus je imstande sein wird, jene Form des Weltinhaltes aus dem Ich abzuleiten, die wir als die unmittelbar gegebene bezeichnet haben. Diese Form kann eben nur *gegeben*, niemals aus dem Denken heraus konstruiert werden. Man erwäge doch nur, daß wir es nicht zustande brächten, selbst wenn uns die ganze übrige Farbenskala gegeben wäre, auch nur *eine* Farbennuance bloß vom Ich aus zu ergänzen. Wir können uns ein Bild der entferntesten, von uns nie gesehenen Ländergebiete machen, wenn wir die Elemente dazu als gegebene einmal individuell erlebt haben. Wir kombinieren uns dann das Bild nach gegebener Anleitung aus von uns erlebten Einzeltatsachen. Vergebens aber werden wir darnach streben, auch nur ein einziges Wahrnehmungselement, das nie im Bereich des uns Gegebenen lag, aus uns herauszuspinnen. Ein anderes aber ist das bloße *Kennen* der gegebenen Welt; ein anderes das *Erkennen* von deren Wesenheit. Letztere wird uns, trotzdem sie innig mit dem Weltinhalte verknüpft ist, nicht klar, ohne daß wir die Wirklichkeit aus Gegebenem und Denken selbst erbauen. Das eigentliche «Was» des Gegebenen wird für das Ich nur durch das letztere selbst gesetzt. Das Ich hätte aber gar keine Veranlassung, das Wesen eines Gegebenen in sich zu setzen, wenn es nicht die Sache zuerst in ganz bestimmungsloser Weise sich gegenüber sähe. Was also als Wesen der Welt vom Ich gesetzt wird, das wird nicht *ohne* das Ich, sondern *durch* dasselbe gesetzt.

Nicht die erste Gestalt, in der die Wirklichkeit an das Ich herantritt, ist deren wahre, sondern die letzte, die das Ich aus derselben macht. Jene erste Gestalt ist überhaupt ohne Bedeutung für die objektive Welt und hat eine solche nur als Unterlage für den Erkenntnisprozeß. Also nicht *die* Gestalt der Welt, welche die Theorie derselben gibt, ist die *subjektive,* sondern vielmehr jene, welche dem Ich zuerst gegeben ist. Will man nach dem Vorgange *Volkelts* u. a. diese gegebene Welt die Erfahrung nennen, so muß man sagen: die Wissenschaft ergänzt das infolge der Einrichtung unseres Bewußtseins in subjektiver Form, als Erfahrung, auftretende Weltbild zu dem, was es wesentlich ist.

Unsere Erkenntnistheorie liefert die Grundlage für einen im wahren Sinne des Wortes sich selbst verstehenden Idealismus. Sie begründet die Überzeugung, daß im Denken die Essenz der Welt vermittelt wird. Durch nichts anderes als durch das Denken kann das Verhältnis der Teile des Weltinhaltes aufgezeigt werden, ob es nun das Verhältnis der Sonnenwärme zum erwärmten Stein oder des Ich zur Außenwelt ist. Im Denken allein ist das Element gegeben, welches alle Dinge in ihren Verhältnissen zueinander bestimmt.

Der Einwand, den der Kantianismus noch machen könnte, wäre der, daß die oben charakterisierte Wesensbestimmung des Gegebenen doch nur eine solche *für das Ich* sei. Demgegenüber müssen wir im Sinne unserer Grundauffassung erwidern, daß ja auch die Spaltung des Ich und der Außenwelt nur innerhalb des Gegebenen Bestand hat, daß also jenes «für das Ich» der *denkenden* Betrachtung gegenüber, die alle Gegensätze vereinigt, keine Bedeutung hat. Das Ich als ein von der Außenwelt Abgetrenntes geht in der denkenden Weltbetrachtung völlig unter; es hat also gar keinen Sinn mehr, von Bestimmungen *bloß für das Ich* zu sprechen.

VII.
ERKENNTNISTHEORETISCHE SCHLUSSBETRACHTUNG

Wir haben die Erkenntnistheorie begründet als die Wissenschaft von der Bedeutung alles menschlichen Wissens. Durch sie erst verschaffen wir uns Aufklärung über das Verhältnis des Inhaltes der einzelnen Wissenschaften zur Welt. Sie macht es uns möglich, mit Hilfe der Wissenschaften zur Weltanschauung zu kommen. Positives Wissen erwerben wir durch die einzelnen Erkenntnisse; den Wert des Wissens für die Wirklichkeit erfahren wir durch die Erkenntnistheorie. Dadurch, daß wir streng an diesem Grundsatze festgehalten haben und keinerlei Einzelwissen in unsern Auseinandersetzungen verwertet haben, dadurch haben wir alle einseitigen Weltanschauungen überwunden. Die Einseitigkeit entspringt gewöhnlich daher, daß die Untersuchung, statt sich an den Erkenntnisprozeß selbst zu machen, sogleich an irgendwelche Objekte dieses Prozesses herantritt. Nach unseren Auseinandersetzungen muß der *Dogmatismus* sein «Ding an sich», der *subjektive Idealismus* sein «Ich» als Urprinzip fallen lassen, denn diese sind ihrem gegenseitigen Verhältnis nach wesentlich erst im Denken bestimmt. «Ding an sich» und «Ich» sind nicht so zu bestimmen, daß man das eine von dem andern ableitet, sondern beide müssen vom Denken aus nach ihrem Charakter und Verhältnis bestimmt werden. Der *Skeptizismus* muß von seinem Zweifel an der Erkennbarkeit der Welt ablassen, denn an dem «Gegebenen» ist nichts zu bezweifeln, weil es von allen durch das Erkennen erteilten Prädikaten noch unberührt ist. Wollte er aber behaupten, daß das *denkende* Erkennen nie an die Dinge herankommen könne, so könnte er das nur durch denkende Überlegung selbst tun, womit er sich aber auch selbst widerlegt. Denn wer durch Denken den Zweifel begründen will, der gibt implizite zu, daß dem Denken eine für das Stützen einer Überzeugung hinreichende Kraft zukommt. Unsere Erkenntnistheorie, endlich, überwindet den einseitigen *Empirismus* und den einseitigen *Rationalismus*, indem sie beide auf *einer höheren Stufe* vereinigt. Auf diese Weise wird sie beiden gerecht. Dem *Empiriker* werden wir gerecht, indem wir zeigen, daß alle *inhaltlichen* Erkenntnisse über das Gegebene nur in unmittelbarer Berührung mit diesem selbst erlangt werden können. Auch der *Rationalist* findet bei unseren Auseinandersetzungen seine Rechnung, da wir das Denken für den *notwendigen* und *einzigen* Vermittler des Erkennens erklären.

Am nächsten berührt sich unsere Weltanschauung, wie wir sie erkenntnistheoretisch begründet haben, mit der von *A. E. Biedermann* vertretenen[39]. Aber Biedermann braucht zur Begründung seines Standpunktes Feststellungen, die durchaus nicht in die Erkenntnistheorie gehören. So operiert er mit den Begriffen: Sein, Substanz, Raum, Zeit usw., ohne vorher den Erkenntnisprozeß für sich untersucht zu haben. Statt festzustellen, daß im Erkenntnisprozeß zunächst nur die beiden Elemente – Gegebenes

39 Siehe A.E. Biedermann, Christliche Dogmatik. 2. Aufl. Berlin 1884/5. Die erkenntnistheoretischen Untersuchungen im I. Band. Eine erschöpfende Auseinandersetzung über diesen Standpunkt hat Eduard von Hartmann geliefert, siehe «Kritische Wanderungen durch die Philosophie der Gegenwart» S. 200 ff.

und Denken – vorhanden sind, spricht er von *Seinsweisen* der Wirklichkeit. So sagt er z.B. § 15: «In allem Bewußtseinsinhalt sind *zwei Grundtatsachen* enthalten: 1. ist uns darin *zweierlei Sein gegeben,* welchen *Seinsgegensatz* wir ... als *sinnliches* und *geistiges, dingliches* und *ideelles* Sein bezeichnen.» Und § 19: « *Was räumlich-zeitliches Dasein hat, existiert als etwas Materielles;... was Grund alles Daseinsprozesses und Subjekt des Lebens ist, das existiert ideell, ist real als ein Ideell-Seiendes.*» Solche Erwägungen gehören nicht in die Erkenntnistheorie, sondern in die Metaphysik, die erst mit Hilfe der Erkenntnistheorie begründet werden kann. Zugegeben werden muß, daß Biedermanns Behauptungen den unseren vielfach ähnlich sind; unsere *Methode* aber berührt sich mit der seinigen durchaus nicht. Daher fanden wir auch nirgends Veranlassung, uns direkt mit ihm auseinanderzusetzen. Biedermann sucht mit Hilfe einiger metaphysischer Axiome einen erkenntnistheoretischen Standpunkt zu gewinnen; wir suchen durch Betrachtung des Erkenntnisprozesses zu einer Ansicht über die Wirklichkeit zu kommen.

Und wir glauben in der Tat gezeigt zu haben, daß aller Streit der Weltanschauungen daher kommt, daß man ein Wissen über ein Objektives (Ding, Ich, Bewußtsein usw.) zu erwerben trachtet, ohne vorher dasjenige genau zu kennen, was allein erst über alles andere Wissen Aufschluß geben kann: *die Natur des Wissens selbst.*

VIII.
PRAKTISCHE SCHLUSSBETRACHTUNG

Die Stellung unserer erkennenden Persönlichkeit zum objektiven Weltwesen war es, worüber wir durch die vorhergehenden Betrachtungen Aufschluß verlangten. Was bedeutet für uns der Besitz von Erkenntnis und Wissenschaft? Das war die Frage, nach deren Beantwortung wir suchten.

Wir haben gesehen, daß sich in unserem Wissen der innerste Kern der Welt auslebt. Die gesetzmäßige Harmonie, von der das Weltall beherrscht wird, kommt in der menschlichen Erkenntnis zur Erscheinung.

Es gehört somit zum Berufe des Menschen, die Grundgesetze der Welt, die sonst zwar alles Dasein beherrschen, aber nie selbst zum Dasein kommen würden, in das Gebiet der *erscheinenden* Wirklichkeit zu versetzen. Das ist das Wesen des Wissens, daß sich in ihm der in der objektiven Realität nie aufzufindende Weltengrund darstellt. Unser Erkennen ist – bildlich gesprochen – ein stetiges Hineinleben in den Weltengrund.

Eine solche Überzeugung muß auch Licht auf unsere praktische Lebensauffassung werfen.

Unsere Lebensführung ist ihrem ganzen Charakter nach bestimmt durch unsere *sittlichen Ideale.* Diese sind die Ideen, die wir von unseren Aufgaben im Leben haben, oder mit andern Worten, die wir uns von dem machen, was wir durch unser Handeln vollbringen sollen.

Unser Handeln ist ein Teil des allgemeinen Weltgeschehens. Es steht somit auch unter der allgemeinen Gesetzmäßigkeit dieses Geschehens.

Wenn nun irgendwo im Universum ein Geschehen auftritt, so ist an demselben ein Zweifaches zu unterscheiden: der *äußere* Verlauf desselben in Raum und Zeit und die *innere* Gesetzmäßigkeit davon.

Die Erkenntnis dieser Gesetzmäßigkeit für das menschliche Handeln ist nur ein besonderer Fall des Erkennens. Die von uns über die Natur der Erkenntnis abgeleiteten Anschauungen müssen also auch hier anwendbar sein. Sich als handelnde Persönlichkeit erkennen heißt somit: für sein Handeln die entsprechenden Gesetze, d. h. die sittlichen Begriffe und Ideale als *Wissen* zu besitzen. Wenn wir diese Gesetzmäßigkeit erkannt haben, dann ist unser Handeln auch *unser* Werk. Die Gesetzmäßigkeit ist dann nicht als etwas gegeben, was außerhalb des Objektes liegt, an dem das Geschehen erscheint, sondern als der Inhalt des in lebendigem Tun begriffenen Objektes selbst. Das Objekt ist in diesem Falle unser eigenes Ich. Hat dies letztere sein Handeln dem Wesen nach wirklich erkennend durchdrungen, dann fühlt es sich zugleich als den Beherrscher desselben. Solange ein solches nicht stattfindet, stehen die Gesetze des Handelns uns als etwas Fremdes gegenüber; *sie* beherrschen *uns;* was wir vollbringen, steht unter dem Zwange, den sie auf uns ausüben. Sind sie aus solcher fremden Wesenheit in das ureigene Tun unseres Ich verwandelt, dann hört dieser Zwang auf. Das Zwingende ist unser eigenes Wesen geworden. Die Gesetzmäßigkeit herrscht nicht mehr *über* uns, sondern *in* uns über das von unserm Ich ausgehende Geschehen. Die

Verwirklichung eines Geschehens vermöge einer außer dem Verwirklicher stehenden Gesetzmäßigkeit ist ein Akt der Unfreiheit, jene durch den Verwirklicher selbst ein solcher der Freiheit. *Die Gesetze seines Handelns erkennen heißt, sich seiner Freiheit bewußt sein.* Der Erkenntnisprozeß ist, nach unseren Ausführungen, der Entwicklungsprozeß zur Freiheit.

Nicht alles menschliche Handeln trägt diesen Charakter. In vielen Fällen besitzen wir die Gesetze für unser Handeln nicht als Wissen. Dieser Teil unseres Handelns ist der unfreie Teil unseres Wirkens. Ihm gegenüber steht derjenige, wo wir uns in diese Gesetze vollkommen einleben. Das ist das *freie* Gebiet. Sofern unser Leben *ihm* angehört, ist es allein als *sittliches* zu bezeichnen. Die Verwandlung des ersten Gebietes in ein solches mit dem Charakter des zweiten ist die Aufgabe jeder individuellen Entwicklung, wie auch jener der ganzen Menschheit.

Das wichtigste Problem alles menschlichen Denkens ist das: *den Menschen als auf sich selbst gegründete, freie Persönlichkeit zu begreifen.*

ANHANG

Vordere Umschlagseite der Erstausgabe 1892

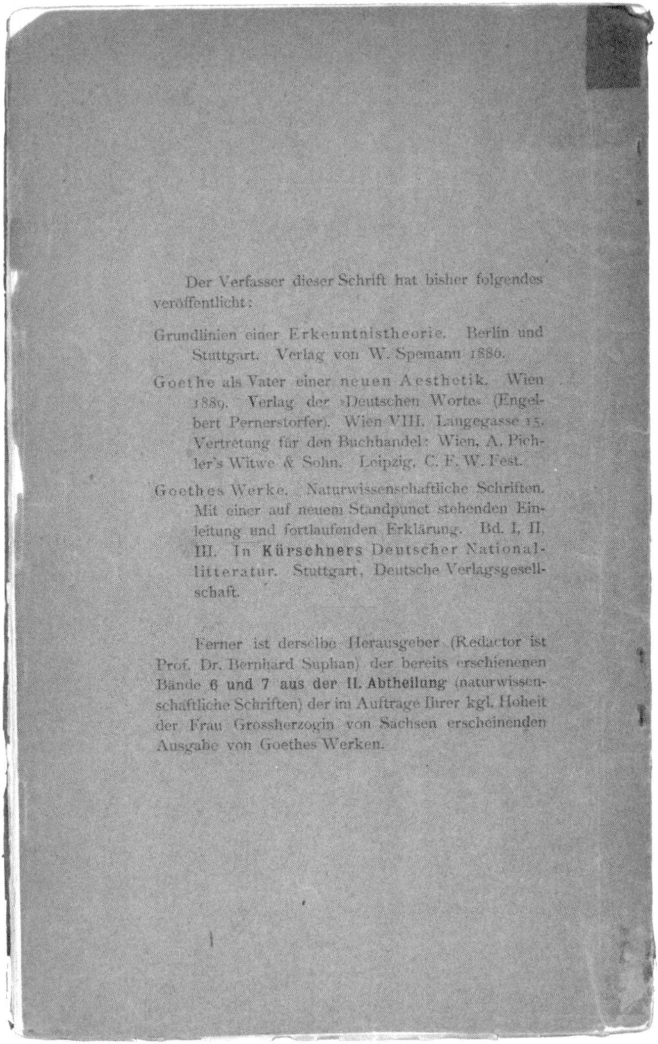

Der Verfasser dieser Schrift hat bisher folgendes veröffentlicht:

Grundlinien einer Erkenntnistheorie. Berlin und Stuttgart. Verlag von W. Spemann 1886.

Goethe als Vater einer neuen Aesthetik. Wien 1889. Verlag der »Deutschen Worte« (Engelbert Pernerstorfer). Wien VIII. Langegasse 15. Vertretung für den Buchhandel: Wien, A. Pichler's Witwe & Sohn. Leipzig, C. F. W. Fest.

Goethes Werke. Naturwissenschaftliche Schriften. Mit einer auf neuem Standpunct stehenden Einleitung und fortlaufenden Erklärung. Bd. I, II, III. In **Kürschners** Deutscher Nationallitteratur. Stuttgart, Deutsche Verlagsgesellschaft.

Ferner ist derselbe Herausgeber (Redactor ist Prof. Dr. Bernhard Suphan) der bereits erschienenen Bände **6 und 7 aus der II. Abtheilung** (naturwissenschaftliche Schriften) der im Auftrage Ihrer kgl. Hoheit der Frau Grossherzogin von Sachsen erscheinenden Ausgabe von Goethes Werken.

Rückseite des Umschlages der Erstausgabe von 1892

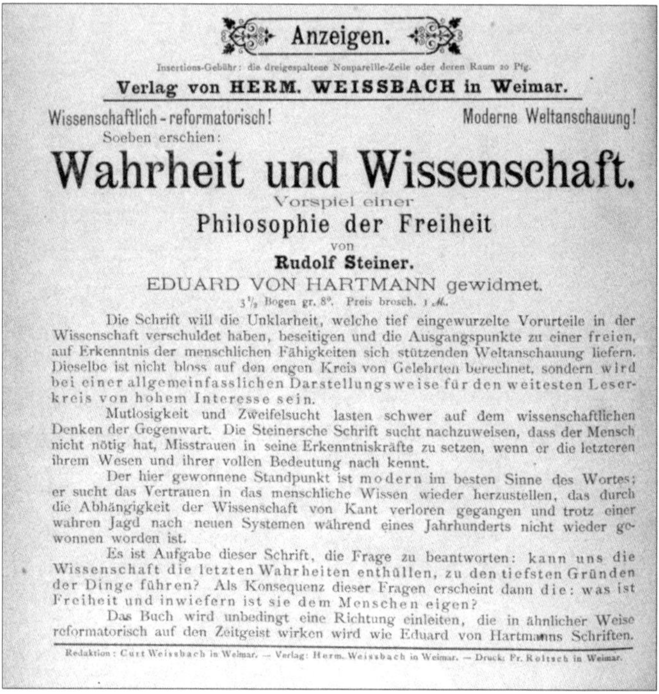
Anzeigen.

Insertions-Gebühr: die dreigespaltene Nonpareille-Zeile oder deren Raum 20 Pfg.

Verlag von HERM. WEISSBACH in Weimar.

Wissenschaftlich-reformatorisch! Moderne Weltanschauung!

Soeben erschien:

Wahrheit und Wissenschaft.

Vorspiel einer

Philosophie der Freiheit

von

Rudolf Steiner.

EDUARD VON HARTMANN gewidmet.

3½ Bogen gr. 8°. Preis brosch. 1 M.

Die Schrift will die Unklarheit, welche tief eingewurzelte Vorurteile in der Wissenschaft verschuldet haben, beseitigen und die Ausgangspunkte zu einer freien, auf Erkenntnis der menschlichen Fähigkeiten sich stützenden Weltanschauung liefern. Dieselbe ist nicht bloss auf den engen Kreis von Gelehrten berechnet, sondern wird bei einer allgemeinfasslichen Darstellungsweise für den weitesten Leserkreis von hohem Interesse sein.

Mutlosigkeit und Zweifelsucht lasten schwer auf dem wissenschaftlichen Denken der Gegenwart. Die Steinersche Schrift sucht nachzuweisen, dass der Mensch nicht nötig hat, Misstrauen in seine Erkenntniskräfte zu setzen, wenn er die letzteren ihrem Wesen und ihrer vollen Bedeutung nach kennt.

Der hier gewonnene Standpunkt ist modern im besten Sinne des Wortes; er sucht das Vertrauen in das menschliche Wissen wieder herzustellen, das durch die Abhängigkeit der Wissenschaft von Kant verloren gegangen und trotz einer wahren Jagd nach neuen Systemen während eines Jahrhunderts nicht wieder gewonnen worden ist.

Es ist Aufgabe dieser Schrift, die Frage zu beantworten: kann uns die Wissenschaft die letzten Wahrheiten enthüllen, zu den tiefsten Gründen der Dinge führen? Als Konsequenz dieser Fragen erscheint dann die: was ist Freiheit und inwiefern ist sie dem Menschen eigen?

Das Buch wird unbedingt eine Richtung einleiten, die in ähnlicher Weise reformatorisch auf den Zeitgeist wirken wird wie Eduard von Hartmanns Schriften.

Redaktion: Curt Weissbach in Weimar. – Verlag: Herm. Weissbach in Weimar. – Druck: Fr. Roltsch in Weimar.

Verlagsanzeige des Verlages Hermann Weissbach, Weimar. Erschienen im *Litterarischen Merkur,* XII. Jg., 28. Mai 1892. Der Text der Anzeige stammt vermutlich von Rudolf Steiner.

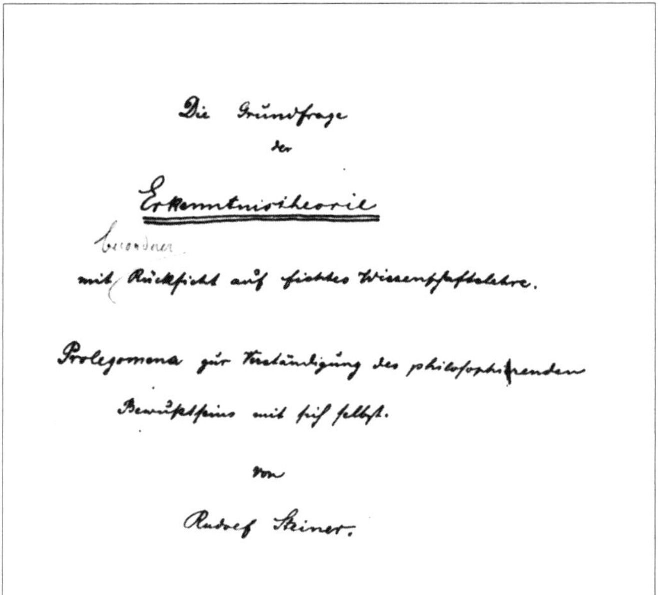

Die Grundfrage
der
Erkenntnistheorie
mit besonderer Rücksicht auf Fichtes Wissenschaftslehre.

Prolegomena zur Verständigung des philosophierenden
Bewußtseins mit sich selbst.

von

Rudolf Steiner.

Titelblatt der handschriftlich eingereichten Dissertation

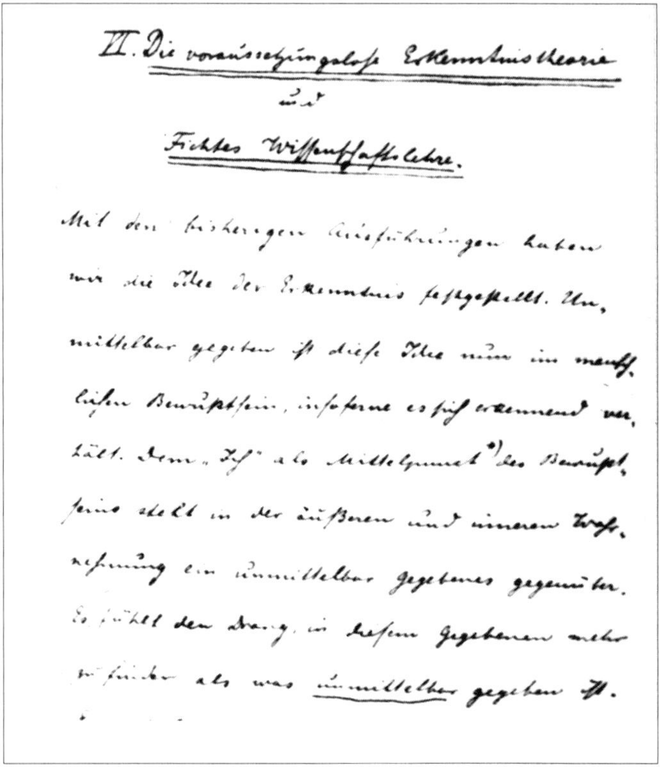

VI. Die voraussetzungslose Erkenntnistheorie und Fichtes Wissenschaftslehre.

Mit den bisherigen Ausführungen haben wir die Idee der Erkenntnis festgestellt. Unmittelbar gegeben ist diese Idee nun im menschlichen Bewußtsein, insoferne es sich erkennend verhält. Dem „Ich" als Mittelpunkt*) des Bewußtseins stellt in der äußeren und inneren Wahrnehmung ein unmittelbar Gegebenes gegenüber. Es fühlt den Drang, in diesem Gegebenen mehr zu finden als was unmittelbar gegeben ist.

Ausschnitt aus der Seite 60 der Dissertation

Entwurfszeichnung für den Buchumschlag einer Neuauflage von «Wahrheit und Wissenschaft» (1921). Siehe dazu auch: Rudolf Steiner, Das Graphische Werk, Dornach 2005.

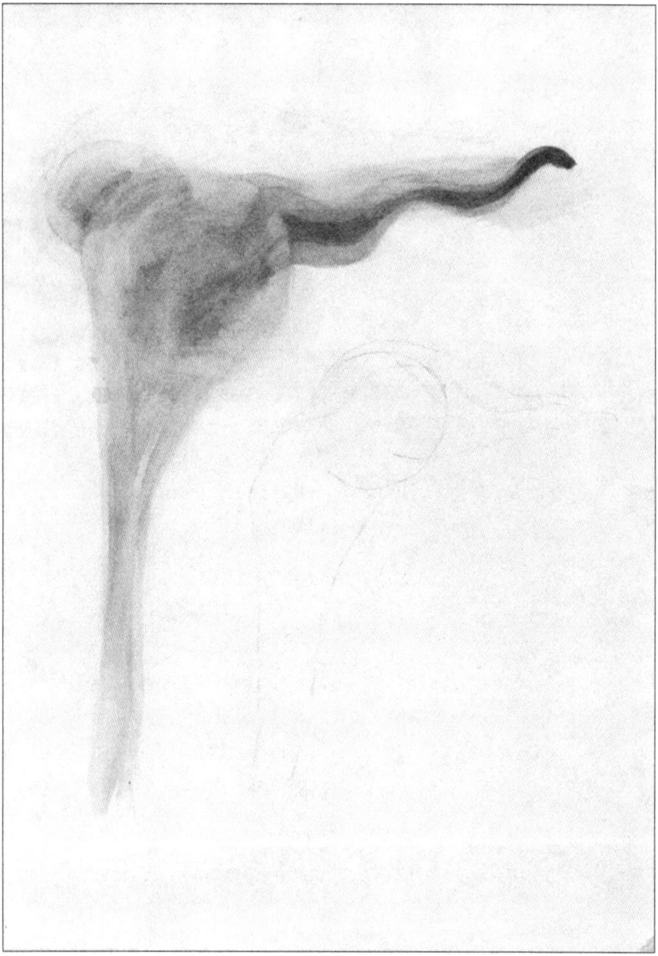

Skizzenblatt mit zwei Entwürfen für den Buchumschlag einer Neuauflage von «Wahrheit und Wissenschaft» (1921). Der linke Entwurf ist farbig. Siehe dazu auch: Rudolf Steiner, Das Graphische Werk, Dornach 2005.

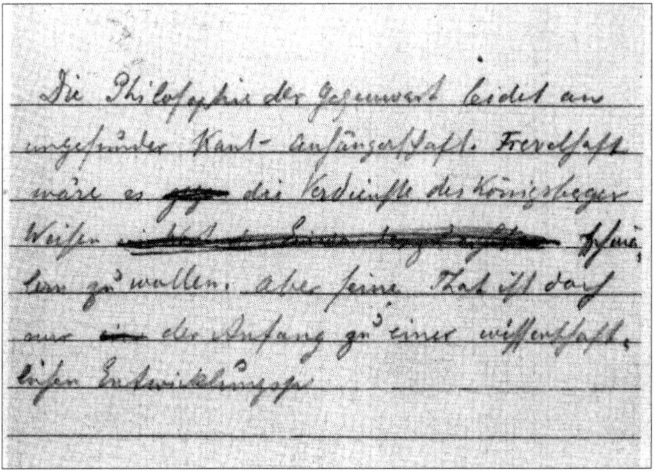

Notizbucheintragung Rudolf Steiners, Entwurf zur Vorrede von «Wahrheit und Wissenschaft». Eintrag in ein Notizbuch von Marie Steiner, NB Nr. 18.

Transkription:

Die Philosophie der Gegenwart leidet an
ungesunder Kant-Anhängerschaft. Frevelhaft
wäre es die Verdienste des Königsberger
Weisen schmälern
zu wollen. Aber seine That ist doch
nur der Anfang zu einer wissenschaft-
lichen Entwicklungsp

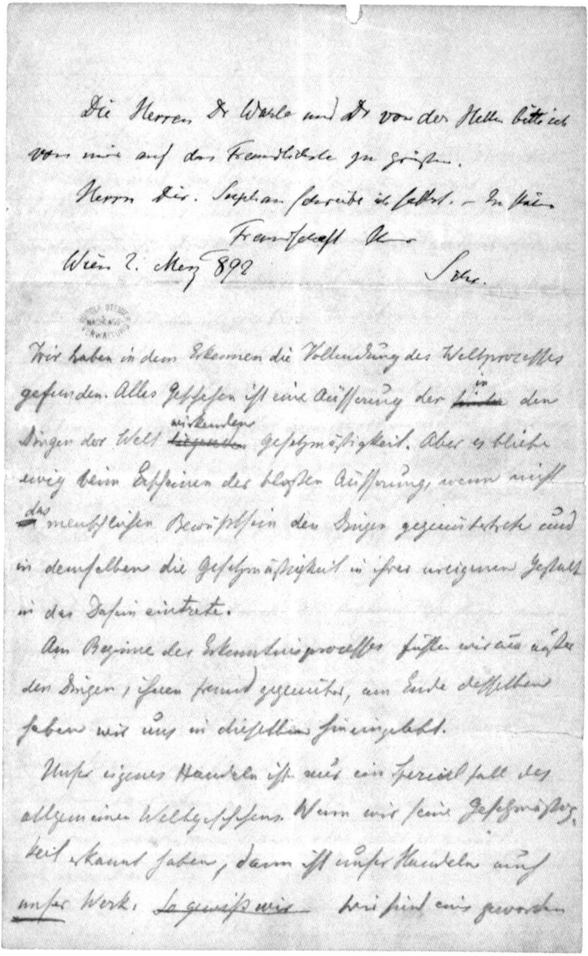

Die Herren Dr Wahle und Dr von der Hellen bitte ich von mir auf das Freundlichste zu grüßen.

Herrn Dir. Suphan schreibe ich selbst. – In treuer Freundschaft Ihr

Wien 2. März 892 Schröer.

Wir haben in dem Erkennen die Vollendung des Weltprocesses gefunden. Alles Geschehen ist eine Äusserung der in den Dingen der Welt wirkenden Gesetzmäßigkeit. Aber es bliebe ewig beim Erscheinen der bloßen Äusserung, wenn nicht das menschliche Bewußtsein den Dingen gegenübertrete und in demselben die Gesetzmäßigkeit in ihrer ureigenen Gestalt in das Dasein eintrete.

Am Beginne des Erkenntnisprocesses stehen wir außer den Dingen, ihnen fremd gegenüber, am Ende desselben haben wir uns in dieselben hineingelebt.

Unser eigenes Handeln ist nur ein Specialfall des allgemeinen Weltgeschehens. Wenn wir seine Gesetzmäßigkeit erkannt haben, dann ist unser Handeln auch unser Werk. Wir sind eins geworden

Notat Rudolf Steiners auf einem Brief von Karl Julius Schröer an Rudolf Steiner, in der Zeit nach dem 2. März 1892. Diese bisher unveröffentlichte Anmerkung (im Faksimile oben: Schluss des Briefes von Schröer, anschliessend: Ausschnitt des Notates von Rudolf Steiner) kann als Brücke zwischen den Werken «Wahrheit und Wissenschaft» und «Philosophie der Freiheit» gelesen werden.

Transkription des Notates:

Wir haben in dem Erkennen die Vollendung des Weltprozesses gefunden. Alles Geschehen ist eine Äusserung der in den Dingen der Welt wirkenden Gesetzmässigkeit. Aber es bliebe ewig beim Erscheinen der blossen Äusserung, wenn nicht das menschliche Bewusstsein den Dingen gegenübertrete und in demselben die Gesetzmässigkeit in ihrer ureigenen Gestalt in das Dasein eintrete.

Am Beginne des Erkenntnisprozesses fühlen wir uns ausser den Dingen, ihnen fremd gegenüber, am Ende desselben haben wir uns in dieselben hineingelebt.

Unser eigenes Handeln ist nur ein Spezialfall des allgemeinen Weltgeschehens. Wenn wir seine Gesetzmässigkeit erkannt haben, dann ist unser Handeln auch unser Werk. Wir sind eins geworden mit der Weltgesetzlichkeit. Sie ist nicht ausser uns, sondern in uns. Das Ende des Erkennens ist identisch mit dem Aufgehen in die Weltgesetzlichkeit. Dies Aufgehen bedeutet aber zugleich auch das Beherrschen des von uns selbst ausgehenden Geschehens. Solange die Weltgesetzlichkeit etwas ausser uns ist, beherrscht sie uns; was wir vollbringen, geschieht unter ihrem Zwange. Ist sie in uns, dann hört dieser Zwang auf. Denn das Zwingende ist unser eigenes Wesen geworden. Es herrscht nicht mehr über uns, sonder in uns über alles andere. Die Verwirklichung eines Geschehens vermöge einer ausser dem Verwirklicher stehenden Gesetzmässigkeit ist ein Akt der Unfreiheit, jene durch den Verwirklicher ein solcher der Freiheit. Der Erkenntnisprozess ist die Entwicklung der menschlichen Persönlichkeit zur Freiheit.

SELBSTZEUGNISSE – RUDOLF STEINER ZU «WAHRHEIT UND WISSENSCHAFT»

Eine Auswahl

Nachdem das «Märchen von der grünen Schlange und der schönen Lilie» durch Rudolf Steiner interpretiert war, trat die intensive Arbeit an Goethe stark in den Vordergrund des Interesses. Doch neben der Vertiefung in Goethe arbeitete er damals auch die «Philosophie der Freiheit» aus; die Abhandlung über «Wahrheit und Wissenschaft» brachte er bereits nach Weimar mit.

Rudolf Steiner, Selbstzeugnisse. Autobiographische Dokumente. Dornach, 2007, Seite 67

Für diejenigen, die das gründlicher machen wollen, die also in eine solche strenge Schulung des Denkens eintreten wollen, sind meine beiden Bücher «Wahrheit und Wissenschaft» und «Die Philosophie der Freiheit» bestimmt. Diese Bücher sind nicht so geschrieben wie andere Bücher, daß sie einen Satz einer bestimmten Stelle auch an eine andere Stelle des betreffenden Buches setzen könnten. Diese Bücher sind keine Gedanken-Aggregate, sondern Gedanken-Organismen. Ein Gedanke wächst wie ein Organismus, er wächst organisch aus dem anderen heraus. Diese Bücher sind also nicht so geschrieben, daß einfach ein Gedanke zum anderen hinzugefügt wird, sondern so, daß die späteren Gedanken aus den vorhergehenden herausgewachsen sind wie bei einem Organismus. So müssen in dem Leser auch die Gedanken herauswachsen, er muß spüren, wie er hingetrieben wird zu dem Denken; und dann macht er sich jene eigentümliche Art des Denkens, das sich selbst erzeugende Denken, zu eigen, ohne welches man die höheren Stufen der rosenkreuzerischen Schulung nicht erlangen kann, obgleich diese gründlichere Art nicht absolut notwendig ist und man sehr gut bei der geisteswissenschaftlichen, elementaren Literatur bleiben kann, da diese den Stoff für das Studium auch abzugeben vermag.

«Die Erkenntnis des Übersinnlichen in unserer Zeit und deren Bedeutung für das heutige Leben», Berlin 1907, GA 55, Seite 187/188.

In der Gegenwart verlangt die rosenkreuzerische Schulung vom Schüler besonders ein ausgebildetes Denken, vor allem ein sinnlichkeitsfreies Denken. Dazu ist «Die Philosophie der Freiheit» und «Wahrheit und Wissenschaft» geschrieben worden. In diesen Büchern ist noch nichts von eigentlicher Theosophie enthalten.

«Kosmogonie», Leipzig 1906, GA 94, Seite 176/177.

Zu diesem Zweck, zur Schulung solcher Denkweise wurden die beiden Schriften «Wahrheit und Wissenschaft» und «Philosophie der Freiheit» von mir geschrieben, damit man sich in solche Gedankengänge vertiefe. Es kommt dabei weniger darauf an, den betreffenden Inhalt zu verstehen, als in diesen Gedankengängen zu leben.

«Kosmogonie», München 1906, GA 94, Seite 285.

Will man den Intellekt noch mehr schulen, dann kann man Bücher studieren, wie «Die Philosophie der Freiheit», «Wahrheit und Wissenschaft», die mit Absicht so geschrieben sind, daß ein durch sie geschultes Denken sich absolut sicher auf den höchsten Planen bewegen kann.

«Vor dem Tore der Theosophie», Stuttgart 1906, GA 95, Seite 121.

Was weiß heute die Welt davon, daß auf einem Gebiete sogar versucht worden ist, sozusagen im Sinne des Paulus, eine Erkenntnistheorie zu schaffen? Eine solche Erkenntnistheorie könnte nicht im kantischen Sinne sagen: Das Ding an sich ist etwas Unbegreifliches –, sondern sie könnte nur sagen: Es liegt an dir, Mensch, du bewirkst durch das, was du jetzt bist, eine unrichtige Wirklichkeit. Du mußt selbst einen inneren Prozeß durchmachen. Dann verwandelt sich dir Maja in Wahrheit, in die geistige Wirklichkeit! – In diesem Sinne die Erkenntnistheorie auf paulinische Basis zu stellen, war die Aufgabe meiner beiden Schriften «Wahrheit und Wissenschaft» und «Die Philosophie der Freiheit». Diese beiden Bücher stellen sich hinein in das, was die große Errungenschaft der paulinischen Auffassung vom Menschen ist in der westländischen Welt.

«Der Christus-Impuls und die Entwicklung des Ich-Bewußtseins», Berlin 1910, GA 116, Seite 164

Wer sich mit diesen Tatsachen bekanntmacht, erblickt einen wunderbaren Werdegang. Woran es fehlt, das ist die scharfe Eindringlichkeit, die Energie des philosophischen Denkens, das doch erst, wenn es angewendet wird – aber mutvoll angewendet wird auf die Tatsachen –, dann diese Tatsachen in ihrem richtigen Licht darstellen kann. Das lag erkenntnistheoretisch ausgesprochen in meiner grundlegenden erkenntnistheoretischen Schrift «Wahrheit und Wissenschaft». Da finden Sie hingewiesen auf jene Art von Erkenntnistheorie, welche damit rechnet, daß unsere Erkenntnistheorie nicht ohne objektive Bedeutung bleibt, sondern so auftreten muß, daß in den erkenntnistheoretischen Ergebnissen Befruchtung unseres Erkenntnissubjektes liegt, so daß dieses untertauchen kann in das, was uns durch die sonstige Lage der Wissenschaft gegeben ist. Wenn wir aus den Anfängen, die sich aus unserer geisteswissenschaftlichen Bewegung herausentwickeln sollten auf diesem Gebiete, auf allen Gebieten der Wissenschaft in der richtigen Weise mit Ernst und Würde arbeiten, wenn wir nicht bei einem gewissen theosophischen Dilettantismus bleiben, son-

dern uns streng hineinversenken in das, was auch wissenschaftlich gegeben ist, werden wir dazu kommen – statt, wie es wirklich heute der Fall ist, eine Metaphysik ohne transzendentale Überzeugung zu haben –, eine Metaphysik zu haben, welche durch die Waffen, die ihr geprägt werden von einer produktiven Erkenntnistheorie, eindringt durch das äußere Feld der Sinnlichkeit in das Übersinnliche.

«Wege und Ziele des geistigen Menschen», München 1910, GA 125, Seite 90/91

Mein ganzes Entwickeln erkenntnistheoretischer Begriffe in meinem Büchlein «Wahrheit und Wissenschaft» klingt zuletzt, auf der letzten und vorletzten Seite, aus in dieses, daß der Mensch ein Schauplatz ist für dasjenige, was eigentlich der Kosmos in ihm tut, und daß er es in Verbindung mit dem Kosmos tut, von außen herein, nicht von innen hinaus tut. Es ist der wichtigste Teil, diese letzte und vorletzte Seite an meinem Schriftchen «Wahrheit und Wissenschaft». Und weil diese zwei Seiten am wichtigsten und bedeutsamsten sind, weil sie am intensivsten hineingreifen in das, was anders werden müßte an dem Vorstellen der Gegenwart, deshalb habe ich dieses Schriftchen, das damals auch meine Doktordissertation war, erst so gestalten können, nachdem die Doktordissertation vorbei war. In der Form, in der es vorgelegt worden ist als Dissertation, fehlten diese letzten zwei Seiten; denn das konnte man der Wissenschaft nicht zumuten, daß aus diesen Dingen die Folgerungen gezogen werden, die eine gewisse Bedeutung haben für das Umgestalten der gesamten Weltanschauung. Dasjenige, was erkenntnistheoretisch vorbereitet, das war verhältnismäßig harmlos in der Dissertation; denn das ist eine objektive philosophische Entwickelung. Aber das, worauf es hinauslief, das konnte erst im späteren Druck hinzugefügt werden.

«Soziales Verständnis aus geisteswissenschaftlicher Erkenntnis», Dornach 1919, GA 191, Seite 160/161

Nun wissen Sie ja, daß ich versuchte, die ganze Erkenntnis einmal an einem anderen Ende anzufassen. Das war, als ich meine «Philosophie der Freiheit» und deren Vorspiel «Wahrheit und Wissenschaft» verfaßte, obwohl die Anklänge schon in meiner «Erkenntnistheorie der Goethe'schen Weltanschauung» in den achtziger Jahren stehen. Ich habe versucht, nach einer ganz anderen Ecke hin die Sache zu wenden. Ich habe versucht, dasjenige zu zeigen, zu dem sich der moderne Mensch aufschwingen kann, wenn er nun nicht im traditionellen Sinne, sondern aus freier innerer Gestaltung heraus zum reinen Denken kommt, zu diesem willensmäßigen reinen Denken, das etwas Positives, Reales ist, wenn es in ihm wirkt.

«Lebendiges Naturerkennen. Intellektueller Sündenfall und spirituelle Sündenerhebung», Dornach 1923, GA 220, Seite 140.

Sehen Sie, ich habe verhältnismäßig früh zu zeigen versucht, wie der Mensch, wenn er der äußeren Sinneswelt gegenübersteht, eigentlich nur die halbe Wirklichkeit hat; wie er die ganze Wirklichkeit erst gewinnt, wenn er das, was in ihm aufsteigt, vereinigt mit der äußeren sinnlichen Wirklichkeit. Und ich habe ja das zunächst tun müssen, weil die Zeit damals noch eine ganz andere war als heute. Denn die Dinge werden doch erst vorbereitet. Ich habe es in einer erkenntnistheoretischen Weise darstellen müssen. Aber wenn Sie meine Schrift «Wahrheit und Wissenschaft» lesen, arbeitet sie darauf hin, auferstehen zu lassen im Menschengemüte das Geistige, das aus dem Inneren hervorquillt. Damit ist der erste Schritt gemacht zu dieser Intimisierung des Wissenschaftlichen, insbesondere in die gemütvolle Aufnahme der Weltenwesenheit.

«Meditative Betrachtungen und Anleitungen zur Vertiefung der Heilkunst», Dornach 1924, GA 316, Seite 217.

Zu dieser Ausgabe

Kurz, es mußte das Problem gestellt werden – und das ist das wichtigste aus der Anthroposophie hervorgehende philosophische Problem: Welches ist die Beziehung zwischen Wahrheit und Wissenschaft?

Rudolf Steiner, in: Anthroposophie und Philosophie, Vortrag in Berlin 1922, GA 81.

Als Rudolf Steiner im Herbst 1890 nach Weimar zog und am Goethe-Schiller-Archiv seine Arbeit als Mitherausgeber der naturwissenschaftlichen Schriften Goethes aufnahm, brachte er – nach eigenen Angaben – die Schrift «Wahrheit und Wissenschaft» bereits mit[39]. Wie weit er diese Abhandlung bereits ausgearbeitet hatte, ist nicht überliefert. Aufgrund dieser Aussage darf jedoch davon ausgegangen werden, dass er hier von einem mehr oder weniger abgeschlossenen Entwurf gesprochen hat. Nachdem Rudolf Steiner seine frühe (1886) erkenntnistheoretische Schrift «Grundlinien einer Erkenntnistheorie der Goethe'schen Weltanschauung mit besonderer Rücksicht auf Schiller» (GA 2) nicht als Dissertation einreichen konnte[40], fand er in Heinrich von Stein, Professor für Philosophie in Rostock, einen Doktorvater, bei dem er 1891 seine Dissertationsschrift «Die Grundfrage der Erkenntnistheorie mit besonderer Rücksicht auf Fichtes Wissenschaftslehre. Prolegomena zur Verständigung des philosophierenden Bewußtseins mit sich selbst» mit Erfolg vorstellen konnte. Den handschriftlich eingereichten Text hat Rudolf Steiner für den erforderlichen Dissertationsdruck in einer Auflage von 150 Exemplaren geringfügig stilistisch überarbeitet. Im Frühjahr 1892 veröffentlichte Rudolf Steiner in Weimar seine Dissertation als selbständige Buchausgabe unter dem Titel «Wahrheit und Wissenschaft. Vorspiel eine Philosophie der Freiheit», wobei der Dissertationsdruck um ein neues Titelblatt, die Widmung an Eduard von Hartmann, eine Vorrede und eine «Praktische Schlussbetrachtung» erweitert wurde. Sowohl in der Vorrede wie auch in der Schlussbetrachtung traten seine philosophischen Ansichten konturierter in Erscheinung, da eine Rücksicht auf akademische und weltanschauliche Gegebenheiten nicht mehr nötig war. So begann er seine Vorrede mit der pointierten Aussage: «Die Philosophie der Gegenwart leidet an einem ungesunden Kant-Glauben» und öffnete in der Schlussbetrachtung den Weg zur radikalen Selbstbestimmungsmöglichkeit des Menschen, wie sie in seiner «Philosophie der Freiheit»,

39 siehe unter »Selbstzeugnisse« in diesem Band, Seite 113

40 siehe dazu »Rudolf Steiners Dissertation. Rudolf Steiner Studien Band V«, Dornach 1991, Seite 9

deren «Vorspiel» ja «Wahrheit und Wissenschaft» sei, ausgeführt werden. Es ist aufschlußreich zu verfolgen, mit welcher Konsequenz ihn sein philosophischer Weg von Goethe über Kant und Fichte hinaus zu einer eigenen Erkenntnistheorie führte, die bereits eine tragfähige und überprüfbare Brücke zu dem bildet, was später als Wissenschaft des Übersinnlichen in der Anthroposophie ausgearbeitet wurde.

Rudolf Steiner kam in seinen Vorträgen immer wieder auf dieses frühe Werk «Wahrheit und Wissenschaft» zu sprechen, das für ihn die «grundlegende erkenntnistheoretische Schrift» blieb[41]. Ein Blick auf seine Äußerungen zu diesem Werk[42] zeigt deutlich, wie stark und unter welchen Gesichtspunkten er diese Schrift gewichtete. So erscheint es hier als Schulungsbuch für ein reines, sinnlichkeitsfreies Denken, das ein Leben in Gedankenprozessen erfordert, so verdeutlicht er die entwickelte Erkenntnistheorie als eine produktive, nicht bloß abbildende. Zudem verweist Rudolf Steiner auf den Zusammenhang mit einer rosenkreuzerischen Schulung und einer «paulinischen» Erkenntnistheorie. Bemerkenswert ist die Tatsache, dass in diesen Selbstzeugnissen «Wahrheit und Wissenschaft» immer mit der «Philosophie der Freiheit» zusammen genannt wird, auf die enge innere wie äußere (zeitliche) Verbindung der beiden Schriften hinweisend.

Nach dem Erscheinen von «Wahrheit und Wissenschaft» sandte Rudolf Steiner das Werk ihm nahestehenden Denkern und Menschen, so Eduard von Hartmann (dem es auch gewidmet ist), Karl Julius Schröer, der das Exemplar mit Randbemerkungen versah (dieses befindet sich im Rudolf Steiner Archiv) und ein Jahr nach Erscheinen auch an Vinzenz Knauer, der ebenfalls Randbemerkungen beifügte und es Rudolf Steiner zusandte[43].

Die Kapitel I «Vorbemerkungen» (gekürzt) und II «Kants erkenntnistheoretische Grundfrage» (vollständig) ließ Rudolf Steiner in der von ihm herausgegebenen Zeitschrift «Lucifer-Gnosis» im Januar/Februar 1904 nochmals abdrucken (siehe Rudolf Steiner, «Luzifer-Gnosis 1903-1908», GA 34, Seite 352–360). Das Buch wurde in der Folgezeit nicht mehr nachgedruckt, wenn auch Verlagsankündigungen (1911 im Philosophisch-Theosophischen Verlag) und im Philosophisch-Anthroposophischen Verlag (1921) auf den Wunsch nach einer Neuauflage hindeuten. Deutlich wird dieses Vorhaben im Sommer/Herbst 1921, als Rudolf Steiner drei Entwürfe für ein Titelblatt erstellte[44]. Eine unveränderte Neuauflage erschien allerdings erst postum im Dezember 1925, wie eine Ankündigung in der Wochenschrift «Das Goetheanum» vom 13. Dezember 1925 aufzeigt. Eine dritte, unveränderte Auflage erschien 1948 im Novalis Verlag in Freiburg i. Breisgau als von Marie Steiner

41 siehe Rudolf Steiner «Von Seelenrätseln», GA 21, Seite 58

42 siehe unter «Selbstzeugnisse» in diesem Band, Seite 113

43 mehr zu diesen Exemplaren in: Rudolf Steiners Dissertation. Rudolf Steiner Studien Band V.

44 siehe im Anhang, Seite 107 und den dortigen Verweis auf das Grafische Werk Rudolf Steiners

zugestandene Deutsche Lizenz-Ausgabe. Eine vierte Auflage erschien 1958 im Verlag der Rudolf Steiner Nachlassverwaltung und die fünfte 1980 im Rahmen der Gesamtausgabe.

Textgrundlagen

Als Textgrundlage für diese 6. Auflage diente die so genannte Ausgabe letzter Hand, die letzte von Rudolf Steiner durchgesehene Ausgabe, in diesem Fall die erste Auflage von 1892. Die 5. Auflage von 1980 wurde mit dieser Wort für Wort kollationiert, was zu einigen Änderungen führte, welche unter der Rubrik *Textkorrekturen und Textvarianten* nachgewiesen sind. Die Zitate wurden überprüft, die modernisierte Schreibweise beibehalten. Die Titel der von Rudolf Steiner angeführten Literatur wurden wie in der Schrift über Rudolf Steiners Dissertation (siehe Fußnote 5) in der ursprünglichen Form und Schreibweise aufgenommen. Die in der Erstauflage aufgeführten *Kolumnentitel* am oberen Rand der Seiten wurden ins Inhaltsverzeichnis aufgenommen; sie stammen vermutlich von Rudolf Steiner und zeigen inhaltliche Schwerpunkte der Kapitel auf.

Die Hinweise zum Text wurden leicht angepaßt und erweitert. Ein dokumentarischer Anhang wurde zusammengestellt (siehe dort).

Textkorrekturen und Textvarianten

Abweichungen der 6. Auflage 2011 von der ersten Auflage 1892 (Ausgabe letzter Hand)

- G e s p e r r t e s wurde *kursiv* gesetzt.

- In KAPITÄLCHEN gesetzte Namen wurden *kursiv* gesetzt.

- Der Text wird in modernisierter Schreibweise wiedergegeben. Dies gilt auch für die Zitate. So wurde *Urtheil* zu *Urteil, Princip* zu *Prinzip, December* zu *Dezember, giebt* zu *gibt, Seyn* zu *Sein.* Ältere Ausdrucksformen wie *darinnen* wurden beibehalten.

- Die Abkürzung Kr.d.r.V. wurde jeweils ausgeschrieben: Kritik der reinen Vernunft.

- Druckfehler wurden korrigiert.

- Die Interpunktion wurde zum grössten Teil beibehalten.

Herausgeberkorrekturen in der 6. Auflage von 2011 gegenüber dem Text in der 5. Auflage von 1980

Die Korrekturen ergaben sich durch eine möglichst enge Anlehnung an die Ausgabe letzter Hand von 1892 (Ausnahmen siehe oben).

- Die Interpunktion wird der Ausgabe letzter Hand angepasst.
- Das Wort Entwick(e)lung wird gemäss der Ausgabe letzter Hand von 1892 in beiden Fassungen verwendet.
- dass wird ohne ß geschrieben.
- Einige Abschnitte werden neu durch Leerzeilen abgetrennt.
- Die mit Sternchen versehenen Referenzen auf zitierte oder besprochene Literatur werden als Fussnoten gebracht.
- Statt *Hegelsche* u.ä. Wortbildungen wird *Hegel'sche* verwendet
- Ältere Wortformen wie *darinnen, Vermittelung, Anfange, hierinnen* u.a. werden beibehalten.
- Die Schreibweisen von *and(e)rerseits* und ähnlichen Ausdrücken wird beibehalten

Seite

32 *«Auf die Auflösung dieser Aufgabe nun kommt das Stehen »* statt «Auf die Auflösung dieser Aufgabe nun kommt des Stehen ...»

35 *dass sie nicht empirische sein können.* statt *dass sie nicht empirisch sein können.*

«jederzeit Urteile a priori und nicht empirisch seien » statt *jederzeit Urteile a priori und nicht empirisch sind »*.

38 *... dass die letztere nur Einsichten von komparativer Allgemeinheit liefert* statt *daß die letzteren nur Einsichten von komparativer Allgemeinheit liefern*

45 *deren Größe* statt *deren Größen*

48 *irgendeine Überzeugung zu begründen. (irgendeine* kursiv)

57 *... darf keine andere als die Erkenntnistheorie (die* kursiv)

60 *... welches Verhältnis die ersteren zu dem letzteren haben* statt *... welches Verhältnis die ersteren zu den letzteren haben*

... gegenüber dem «Nicht-Ich» ansehen (ansehen nicht kursiv)

70 *... bei der Herstellung unseres wissenschaftlichen Weltbildes im Gegensatz* (Weltbildes gestrichen)

75 *... kann Wirklichkeit genannt werden. (Wirklichkeit* hervorgehoben)

81 *Beweisen oder bestimmen lässt er sich nicht ... (bestimmen* kursiv)

83 *... sondern es setzt nur sich selbst voraus. (nur* hinzugefügt)

94 *... zunächst nur die beiden Elemente Gegebenes und Denken vorhanden sind* statt *... zunächst nur die beiden Elemente: Gegebenes und Denken vorhanden sind*

Hinweise zum Text

Werke Rudolf Steiners, welche innerhalb der Gesamtausgabe (GA) erschienen sind, werden in den Hinweisen mit Bibliographie-Nummer und dem Erscheinungsjahr der letzten Auflage angegeben. Siehe auch die Übersicht am Schluß des Bandes.

zu Seite

13 *Karl Julius Schröer,* 1825–1900. Literaturhistoriker, Sprach- und Mundartenforscher, der als Professor an der Technischen Hochschule in Wien Rudolf Steiners Lehrer, väterlicher Freund und Förderer wurde. Siehe R. Steiner, «Mein Lebensgang» (Register), sowie das Kapitel: «Bilder aus dem Gedankenleben Österreichs» in: «Vom Menschenrätsel», GA 20, S. 88 ff; und den Vortrag vom 10. Februar 1916 in: «Aus mitteleuropäischem Geistesleben» (15 öffentliche Vorträge Berlin 1915 und 1916), GA 65.

14 *Haus Specht in Wien:* Auf Empfehlung von K. J. Schröer war Rudolf Steiner von 1884 bis 1890 im Hause von Ladislaus und Pauline Specht als Erzieher von deren vier Söhnen Richard, Arthur, Otto und Ernst tätig. Siehe dazu Kapitel IV in «Mein Lebensgang» (ohne Nennung des Namens *Specht),* sowie R. Steiner, «Briefe», Band I, Dornach 1985.

Rosa Mayreder, 1858–1938, Wiener Schriftstellerin und Malerin. Über die Freundschaft zwischen Rudolf Steiner und Rosa Mayreder siehe Kapitel IX in «Mein Lebensgang», sowie R. Steiner, «Briefe» Band I und II, Dornach 1985 und 1987.

16 *«Grundlinien einer Erkenntnistheorie der Goethe'schen Weltanschauung»:* In der Ausgabe letzter Hand erwähnt Rudolf Steiner dieses Werk in abgekürzter Fassung und datiert dessen Erscheinen ins Jahr 1885. Es heisst dort: « ... im Jahr 1885 in seinen ‹Grundlinien einer Erkenntnistheorie. Berlin und Stuttgart› schriftstellerisch vertreten.» Siehe auch die 8. Auflage in der Gesamtausgabe, Dornach 2003.

28 *Ars magna Lulliana:* Raimundus Lullus, 1234–1315, Ars Magna et ultima. – Vgl. R. Steiner, «Die Mystik im Anfange des neuzeitlichen Geisteslebens» (1902), Bibl.-Nr. 7, GA 1960 (auch als Taschenbuch), S. 135.

35 *Fußnote:* Robert Zimmermann, Über Kant's mathematisches Vorurteil und dessen Folgen; Sitzungsberichte der philosophisch-historischen Klasse der Kaiserlichen Akademie der Wissenschaften, Band 67, Wien 1871, S. 7–48.

42 *In seiner letzten erkenntnistheoretischen Publikation...:* Eduard von Hartmann, Transcendentaler Realismus und Idealismus mit besonderer Rücksicht auf das Kausalproblem; Zeitschrift für Philosophie und philosophische Kritik, Band 99, Leipzig 1891, S. 183–209.

45 *J. Müller hat gezeigt, daß jeder Sinn...:* Johannes Müller, 1801–1858, Physiologe; siehe das Kapitel «Von den Sinnesnerven» in seinem «Handbuch der Physiologie des Menschen, für Vorlesungen», Koblenz 1834.

47 *«Dieser Bewußtseinsinhalt besteht ursprünglich...»:* E. v. Hartmann, «Das Grundproblem der Erkenntnistheorie», S. 33.

68 *Gideon Spicker, Lessings Weltanschauung,* Leipzig 1883.

71 *die Ausführungen Humes über den Begriff der Kausalität:* David Hume, 1711–1776; «Untersuchungen über den menschlichen Verstand», deutsch zuerst von Sulzer 1755. Original: «An inquiry concerning human understanding», 1748. Siehe auch R. Steiner, «Die Rätsel der Philosophie in ihrer Geschichte als Umriß dargestellt», GA 18, S. 148f.

81 *Harms in seiner Rede über die Philosophie Fichtes:* Friedrich Harms, Johann Gottlieb Fichte, ein Vortrag gehalten am 15. März 1862, Kiel 1862.

Bibliographischer Nachweis

1. Auflage, Weimar 1892 , Verlag Hermann Weissbach (1. Tausend)
2. Auflage, Dornach 1925, Philosophisch-Anthroposophischer Verlag am Goetheanum (2.–6. Tausend)
3. Auflage, Freiburg i. Breisgau 1949, Novalis-Verlag, Deutsche Lizenz-Ausgabe (7.–10. Tausend)
4. Auflage, Dornach 1958, Verlag der Rudolf Steiner-Nachlassverwaltung (11.–14. Tausend)
5. Auflage, neu durchgesehen, Gesamtausgabe, Dornach 1980 (15.–17. Tausend)

Literatur zum Thema aus dem Werk Rudolf Steiners

GA Rudolf Steiner Gesamtausgabe
Tb = Rudolf Steiner Taschenbücher

Werke Rudolf Steiners

Grundlinien einer Erkenntnistheorie der Goetheschen Weltanschauung mit besonderer Rücksicht auf Schiller (1886)
GA 2 / Tb 629

Die Philosophie der Freiheit. Grundzüge einer modernen Weltanschauung (1894)
GA 4 / Tb 627

Dokumente zur «Philosophie der Freiheit»
GA 4a

Die Rätsel der Philosophie in ihrer Geschichte als Umriss dargestellt (1914)
GA 18 / Tb 610

Der Individualismus in der Philosophie (1899). In: *«Methodische Grundlagen der Anthroposophie, Gesammelte Aufsätze 1884–1910»*
GA 30

Philosophie und Anthroposophie, Autoreferat vom Vortrag in Stuttgart 17. August 1908. In: *«Philosophie und Anthroposophie, Gesammelte Aufsätze 1904–1923».*
GA 35

Rudolf Steiner Studien

Rudolf Steiners Dissertation. Rudolf Steiner Studien Band V.
Mit textkritischen Anmerkungen, Rezensionen und zahlreichen unveröffentlichten Briefen und Dokumenten zum Lebensgang Rudolf Steiners. Dornach 1991.

Personenverzeichnis

Namen, die *nur* im alphabethischen Literaturverzeichnis (siehe S. 17f.) vorkommen, sind hier nicht mit aufgeführt. Seitenzahlen in Klammern beziehen sich auf das Literaturverzeichnis.

Zum Werk Rudolf Steiners

Rudolf Steiner (1861–1925), der zunächst als Philosoph, Publizist und Pädagoge tätig war, entfaltete ab Beginn des 20. Jahrhunderts eine umfassende kulturelle und soziale Aktivität und begründete eine moderne Wissenschaft des Geistes, die Anthroposophie. Sein umfangreiches Werk umfaßt Schriften und Abhandlungen, Aufzeichnungen und Briefe, künstlerische Entwürfe und Modelle sowie Textunterlagen von etlichen tausend Vorträgen in Form von Hörermitschriften.
Seit dem Tod von Marie Steiner-von Sivers (1867–1948), der Lebensgefährtin Rudolf Steiners, wird sein literarischer und künstlerischer Nachlaß durch die von ihr begründete *Rudolf Steiner Nachlassverwaltung* betreut. In dem dafür aufgebauten *Rudolf Steiner Archiv* wird seither an der Erhaltung, Erschließung und Herausgabe der vorhandenen Unterlagen gearbeitet. Die Buchausgaben erscheinen im *Rudolf Steiner Verlag.*
Schwerpunkt der Herausgabetätigkeit ist die seit 1955/56 erscheinende Rudolf Steiner Gesamtausgabe (GA, siehe nachfolgende Übersicht). Sie umfaßt inzwischen über 350 Bände und zusätzlich Veröffentlichungen aus dem künstlerischen Werk. Dazu kommen zahlreiche Einzel-, Sonder- und Taschenbuchausgaben und andere begleitende Veröffentlichungen. Die Ausgaben werden durch fachlich kompetente Herausgeber anhand der im Archiv vorhandenen Unterlagen ediert und durch Hinweise, Register usw. ergänzt. Vielfach werden bei Neuauflagen die Texte nochmals anhand der Quellen überprüft.
Noch liegt die Gesamtausgabe nicht vollständig vor; viele Archivunterlagen bedürfen zudem der editionsgerechten Aufbereitung. Dies ist mit einem hohen zeitlichen und finanziellen Aufwand verbunden, der durch den Absatz der Bücher nicht finanziert werden kann, sondern durch Unterstützungsbeiträge gedeckt werden muß. Dies gilt ebenso für die vielen anderen Arbeitsbereiche des Archivs, das keinerlei öffentliche Zuschüsse erhält. Damit das Archiv seine Aufgaben als Zentrum für die Erhaltung, Erschließung, Edition und Präsentation des Werkes von Rudolf Steiner auch in Zukunft erfüllen kann, wurde 1996 die *Internationale Fördergemeinschaft Rudolf Steiner Archiv* begründet.
Für weitere Informationen oder kostenlose Verzeichnisse wenden Sie sich bitte an:

Rudolf Steiner Verlag
St. Johannsvorstadt 19–21
CH–4056 Basel
verlag@steinerverlag.com

www.steinerverlag.com

Rudolf Steiner Archiv
Postfach 135
CH–4143 Dornach 1

www.rudolf-steiner.com